VNiVERSiDAD Ð SALAMANCA

TRABAJO DE FIN DE MÁSTER
MÁSTER UNIVERSITARIO EN DERECHO PENAL

"STEALTHING":
UN ANÁLISIS JURÍDICO-PENAL DE LA CONDUCTA

"STEALTHING":
A LEGAL AND CRIMINAL ANALYSIS OF THE CONDUCT

LEIDY VALERIA CANOSA PAREDES

DIRECTORA:
LINA MARIOLA DÍAZ CORTÉS

SALAMANCA, 2024

© Leidy Valeria Canosa Paredes
© Ratio Legis
Edita: Ratio Legis - Librería Jurídica
    Paseo de Francisco Tomás y Valiente, n.º 14, local 3
    Tel.: (34) 923 227 037
    37007 Salamanca
    www.ratiolegis.net

I.S.B.N.: 978-84-17836-70-2
Depósito Legal: S. 323-2024

Maquetación e impresión:
www.valorgrafico.com

ÍNDICE

PRÓLOGO

El Máster Universitario en Derecho Penal de la Universidad de Salamanca, comenzó a impartirse en el curso 2010-2011. Dentro de su plan de estudios, la elaboración del Trabajo de Fin de Máster (TFM) constituye el culmen del proceso de formación, a través del cual el alumno desarrolla diversas competencias adquiridas en el curso. De esta forma, el estudiante comienza una línea de investigación, en la cual deberá analizar y argumentar desde el punto de vista jurídico e interdisciplinario, un tema que resulte relevante en el ámbito penal. Dado que dentro de nuestro alumnado existe un importante porcentaje de alumnos extranjeros, desde el Máster se promueve que el tema que se aborde, aporte dentro del debate jurídico de sus países de origen. Sin duda, el desarrollo del TFM es un gran reto de aprendizaje para el estudiante y para el profesor, para quien también es muy gratificante ser testigo de la evolución del alumno.

En el curso 2023-2024 al terminar una de mis clases, Leidy se me acercó para plantearme diversos temas de investigación que le interesaban, y me mencionó el debate jurídico existente en Colombia sobre el *stealthing*, el cual tal como lo define en su TFM es: *"la práctica en virtud de la cual una persona, sin consentimiento de otra, de manera sigilosa, se retira el condón durante la práctica de una relación sexual"*. El tema me llamó mucho la atención, porque en efecto ese anglicismo introducía un debate de una gran riqueza jurídica, la misma conceptualización, los actores involucrados, el bien jurídico tutelado, la delimitación del consentimiento, la respuesta dada desde el Derecho.

Fue así como Leidy comenzó su andadura investigadora, estudiando, dudando y planteando posibles interpretaciones. Puedo asegurar que las tutorías con ella las disfrute enormemente, porque sus inquietudes tenían un trasfondo producto de su estudio, además no sólo analizó los argumentos que reforzaban su postura, sino que también planteó y dio respuestas a los análisis de los que se distanciaba. Por eso puedo decir, que mi labor como tutora fue muy fácil de llevar, porque fue un placer debatir con ella, encontrando en Leidy una capacidad impresionante de trabajo y unos argumentos sólidos que ahora se presentan como publicación, bajo el título *Stealthing": un análisis jurídico-penal de la conducta"*. En el trabajo el lector encontrará una línea de investigación cuidada en sus argumentos, desplazando cualquier matiz que vincule el tema como una cuestión de género y centrándose en un análisis rigurosamente jurídico e inteligente.

En la comisión evaluadora estuvo la profesora Cristina Méndez Rodríguez del Área de Derecho Penal, la profesora Marta Fernanda León Alonso del Área de Derecho Constitucional y el profesor José Antonio Sendín Mateos del Área de Filosofía del Derecho. Su valoración final fue la propuesta de Matrícula de Honor, por esta decisión, el Máster publica su TFM dentro de la Colección Máster Universitario en Derecho Penal, Universidad de Salamanca . El lector encontrará un trabajo que resulta fácil de leer, porque le guía desde el primer momento y como un excelente libro engancha en su lectura. Sin duda, para gratificación del Máster, su monografía constituirá un gran aporte dentro del debate jurídico penal colombiano.

Lina Mariola Díaz Cortés
Profesora titular Área de Derecho Penal
Universidad de Salamanca

INTRODUCCIÓN

Un artículo de la BBC relata la historia de Louise (nombre ficticio), una joven de 22 años quien un día, después de terminar la relación sexual sostenida con su amigo «con beneficios», se percató de que él se había retirado el condón durante el curso de la misma sin informárselo. Cuando lo confrontó, él admitió haberlo hecho intencionadamente a mitad del acto sexual. Posteriormente, Louise tuvo que ir a una farmacia con la finalidad de comprar algo que le ayudará a prevenir las posibles consecuencias que la conducta le podría generar, pero en ese momento no entendía claramente por qué la experiencia le había dejado una sensación tan negativa ni cuál era el origen de su malestar. No obstante, al leer un artículo, Louise se dio cuenta de que había sido víctima de "Stealthing" y que lo que le había ocurrido no era un incidente aislado, sino parte de un patrón más amplio y preocupante[1].

"Stealthing" es una palabra de origen anglosajón que se deriva del término "stealth" que en idioma español traduce "sigilo". En el contexto de comportamientos sexuales, es utilizada para referirse a aquella práctica en virtud de la cual una persona, sin consentimiento de otra, de manera sigilosa, se retira el condón durante la práctica de una relación sexual[2]. Dicha conducta, aún novedosa en el ámbito jurídico, ha tomado cada vez más relevancia en relación con los posibles resultados lesivos que se puede generar, pero especialmente por el cambio de perspectiva en el ámbito de protección de la libertad sexual, la cual cada vez se enfoca más en la importancia del consentimiento.

A través del relato de Louise se destacan las reflexiones y preguntas que surgen al enfrentar este fenómeno, ya que seguramente luego de la situación ella no solo se cuestionó por qué la experiencia le hizo sentir tan extraña, sino también si lo que le había ocurrido había sido una violación o alguna forma de agresión sexual, ya que no había consentido la retirada del preservativo. Al leer sobre "Stealthing" indudablemente Louise se sorprendió al descubrir que se trataba de una práctica extendida y que ya tenía un nombre, lo cual posiblemente la hizo cuestionar la frecuencia y normalización de la misma. Sin embargo, aun cuando identificó lo que le había sucedido, es poco probable que supiera que hacer al respecto, pues no existe mucha claridad en relación con el tratamiento de esta conducta a nivel legal, siendo esto lo que se pretende examinar en el presente documento.

---

[1]   BBC. NEWS MUNDO. "Qué es «stealthing», la peligrosa nueva forma de agresión sexual". 13 de mayo de 2017. [Consulta: 03 de junio de 2024]. https://www.bbc.com/mundo/noticias-39889533.

[2]   GARCÍA HINCAPIÉ, Luz C. y PILLALAZA LINCANGO, Denise C. "La tipificación de la retirada del preservativo ("Stealthing") como actuación formal del Estado en el reconocimiento de la mujer y su derecho a la integridad personal". *Derecho y Realidad*, Vol. 21 No. 41, 2023. Pág. 122.

Los anteriores planteamientos así como todas las particularidades que giran en torno al "Stealthing" nos llevan a realizarnos cada vez nuevos interrogantes relacionados con el abordaje jurídico que debe darse a este comportamiento. Dichas cuestiones se desprenden no solo de casos como el de Louise sino de otros eventos similares. Por ejemplo, imaginemos las siguientes situaciones:

Ejemplo 1: Camilo, de 40 años, y María, de 32 (ambos nombre ficticios) , acuerdan mantener relaciones sexuales siempre con el uso de un condón femenino por parte de María. Durante una relación sexual en la que Camilo tiene los ojos vendados, María decide quitarse el condón sin que él lo sepa. Cuando Camilo se da cuenta, detiene la actividad sexual.

De la situación planteada surgen las siguientes preguntas: ¿El acto sexual adelantado una vez María se retiró el preservativo es el mismo al realizado por el amigo de Louise en el caso expuesto por la BBC? ¿Podría considerarse que el hecho constituye una agresión sexual en contra de Camilo? ¿El acto sexual adelantado una vez María se retiró el preservativo difiere al inicialmente consentido por Camilo? ¿o más bien este constituye un engaño que vició el consentimiento de Camilo?

Ejemplo 2: Ana, de 25 años, acepta tener relaciones sexuales con Pedro, de su misma edad (ambos nombres ficticios), bajo la condición de que él use condón. Durante el acto, Pedro retira el preservativo sin el consentimiento de Ana y eyacula dentro de ella. Posteriormente, Ana queda embarazada.

En este caso ¿Pedro cometió una agresión sexual contra Ana? En caso afirmativo, ¿podría esto ser objeto de reproche penal? Además, ¿podría considerarse el embarazo no deseado como una afectación a la integridad física de Ana teniendo en cuenta todas las consecuencias de salud que conlleva la gestación? ¿El embarazo no deseado de Ana afectó su libertad de decisión sobre cuándo y con quién reproducirse?

Ejemplo 3: Pablo, de 40 años, y Fabio, de 32 (ambos nombres ficticios), acuerdan siempre usar preservativo durante sus relaciones sexuales. Sin embargo, en un momento dado, Fabio decide retirarse el condón sin el consentimiento de Pablo procediendo a penetrarlo analmente. Como resultado, Pablo contrae una infección de transmisión sexual. ¿Podría considerarse esta acción como una violación a la integridad física de Pablo? En este caso, ¿podría coexistir esta afectación con un ataque a la libertad sexual?

Los supuestos anteriores ilustran las múltiples preguntas y complejidades en torno del «Stealthing», cuyas respuestas no son sencillas. No obstante, este estudio se propone ofrecer la mayor aproximación posible a dichas cuestiones. En consecuencia, comenzará abordando la lesividad de la conducta, es decir, estableciendo contra qué bienes jurídicos afecta y de qué manera lo hace.

Para lo anterior, partirá del análisis de la libertad sexual como bien jurídico penalmente protegido y la razón por la que se considera que el "Stealthing" lo vulnera, constituyéndose como una agresión de índole sexual. Por consiguiente, examinará el consentimiento como piedra angular de la libertad sexual, destacando los inconvenientes que plantea la conducta para aquellos ordenamientos jurídicos en donde la protección del bien jurídico tiene su base en otros elementos distintos como la violencia e intimidación.

En el mismo sentido, se expondrán las distintas teorías que han surgido con la finalidad de explicar de qué manera se afecta el consentimiento en estos casos. La primera, que entiende que el fenómeno constituye un engaño capaz de viciar el consentimiento y la segunda, que lo comprende como un acto sexual totalmente distinto al inicialmente autorizado. Esto finalizará exponiendo la crítica principal que se desprende de las mismas, lo que contribuirá a establecer si el "Stealthing" puede o no considerarse como una violación.

Una vez establecido lo anterior, procederemos a evaluar qué otros bienes jurídicos podrían verse afectados por los resultados lesivos adicionales que esta conducta puede producir. Inicialmente, analizaremos la salud reproductiva como bien jurídico protegido y su afectación en los casos de embarazos no deseados y de contagio de infecciones y enfermedades de transmisión sexual. Luego, exploraremos el derecho a la integridad personal para determinar si el contagio de dichas enfermedades o infecciones puede ser penalmente reprochables desde esta perspectiva. Finalmente, examinaremos si los embarazos no deseados, además de vulnerar la salud reproductiva, constituyen un atentado contra la integridad personal.

Posteriormente, abordaremos la cuestión relativa a la sanción del «Stealthing» a través de un análisis crítico de derecho comparado que nos permitirá entender cómo los diferentes países han abordado el fenómeno. Este estudio se dividirá en dos partes: la primera revisará la legislación de California, Estados Unidos, donde ha sido considerado como un supuesto de responsabilidad civil. La segunda analizará las diferentes posturas de la jurisprudencia española que lo entiende como un supuesto de responsabilidad penal. De esta última revisión, se derivarán las razones por las cuales la conducta merece ser tipificada de manera autónoma.

Finalmente, se realizarán recomendaciones en relación con la forma adecuada de tipificar la conducta. Para ello, se estudiarán los proyectos de ley de algunos países latinoamericanos que ya han adoptado esta perspectiva, profundizando en la iniciativa legislativa colombiana por sus características particulares.

CAPÍTULO I
EL "STEALTHING" COMO UNA FORMA DE AGRESIÓN SEXUAL

La pregunta principal que surge en relación con la conducta de retirar el condón sin el consentimiento del otro individuo involucrado en el acto sexual, es si este podría constituir una agresión sexual en virtud de la afección que supone al bien jurídico de la libertad sexual. Para abordar esta interrogante de manera adecuada, es necesario comprender en qué consiste dicho bien jurídico, su alcance y las implicaciones legales que conlleva. Por lo tanto, a continuación se presentará un estudio que busca responder a esta cuestión, explorando el concepto fundamental de consentimiento como piedra angular de la libertad sexual, lo que resulta crucial en el entendimiento del "Stealthing" como un delito.

1. La libertad sexual como bien jurídico protegido

Según el Diccionario de la Real Academia Española, se entiende por libertad sexual la facultad de toda persona de autodeterminarse en el ámbito de su sexualidad[3]. Es decir, es la capacidad de decidir si llevar a cabo una relación sexual[4] y de qué manera hacerlo. Bajo la protección de este bien jurídico, se busca que los comportamientos sexuales realizados al interior de la sociedad tengan lugar de manera libre[5] y voluntaria, de modo que nadie pueda ser involucrado en una situación de contenido sexual forzosamente. Así, la libertad sexual comprende una dimensión positiva, que implica disponer de la sexualidad de manera libre, y una dimensión negativa, que consiste en el derecho a no ser obligado a participar en ningún contexto sexual en contra de la propia voluntad[6].

Desde la perspectiva del Derecho Penal, la protección de la libertad sexual se fundamenta en el derecho al libre desarrollo de la personalidad a partir de los postulados de la Organización de Naciones Unidas[7] (ONU), quien lo reconoció como un derecho humano desde la Declaración Universal de los Derechos Humanos adoptada en París en 1948[8], y el cual ampara la facultad de cada individuo para

---

[3] REAL ACADEMIA ESPAÑOLA. *Diccionario de la lengua española*. 23.ª edición. versión 23.7 en línea. 2023. [Consulta: 09 de enero de 2024]. https://dpej.rae.es/lema/libertad-sexual.

[4] VERGES PEÑARRUBIA. Lara. "Los delitos contra la libertad e indemnidad sexual individual. Consideraciones doctrinales y jurisprudenciales". Tesis de grado. Universidad de Alcalá. 2019. Pág. 13.

[5] DIEZ RIPOLLES, José L. "El objeto de protección del nuevo derecho penal sexual". *Revista de derecho penal y criminología*. ISSN 1132-9955. 2ª época. No. 6. 2000. Pág. 69.

[6] Ibidem. Pág. 70.

[7] En adelante ONU.

[8] El artículo 22 de la Declaración Universal de los Derechos Humanos establece: *"Toda persona, como miembro de la sociedad, tiene derecho a la seguridad social, y a obtener, mediante el esfuerzo nacional y la cooperación internacional, habida cuenta de la organización y los recursos*

tomar decisiones autónomas sobre los ámbitos que lo afectan[9], incluyendo su propia sexualidad, lo que constituye un aspecto esencial de su auto realización.

La libertad sexual también es un bien jurídico estrechamente vinculado a la dignidad humana, como se desprende del Programa de Acción derivado de la Conferencia de Derechos Humanos celebrada en Viena en 1993, que en su considerando 18 estableció: *"La violencia y todas las formas de acoso y explotación sexuales, en particular las derivadas de prejuicios culturales y de la trata internacional de personas son incompatibles con la dignidad y la valía de la persona humana y deben ser eliminadas[10]"*.

El mencionado fragmento resalta la importancia de proteger la libertad sexual como un componente fundamental de la dignidad y del valor inherente a la persona humana. Por lo tanto, subraya la necesidad imperativa de eliminar ciertas formas de violencia sexual para garantizar el respeto y la protección de dicho bien jurídico.

Es importante resaltar que el avance más significativo en la protección del derecho a la libertad sexual se ha dado principalmente a través de tratados, conferencias y convenios dirigidos a erradicar la violencia contra las mujeres. Este impulso se refleja en los principios establecidos por la ONU en la Convención sobre la Eliminación de todas las formas de Discriminación contra la Mujer celebrada en New York en 1979, la cual, en su artículo 5, insta a los Estados a modificar los patrones socioculturales que perpetúan la desigualdad de género y los roles estereotipados entre hombres y mujeres[11]. Esto subraya la necesidad de un enfoque integral para promover la igualdad y proteger la libertad sexual de todas las personas.

También se desprende de la Recomendación General número 35 del Comité para la Eliminación de la Violencia contra la Mujer (CEDAW), el cual es el órgano adscrito a Naciones Unidas que supervisa el cumplimiento y aplicación de la Convención sobre la Eliminación de todas las formas de Discriminación contra la Mujer por parte de los Estados miembros[12]. Dicha recomendación enfatiza en la obligación de

---

de cada Estado, la satisfacción de los derechos económicos, sociales y culturales, indispensables a su dignidad y al libre desarrollo de su personalidad". ONU. Asamblea General. "Declaración Universal de Derechos Humanos". París, Francia. 10 de diciembre de 1948. [Consulta: 24 de abril de 2024]. https://www.un.org/es/about-us/universal-declaration-of-human-rights

[9] OTIVEROS ALONSO, Miguel. "El libre desarrollo de la personalidad (Un bien jurídico digno de estado constitucional)". *Revista Iberoamericana de Filosofía, Política y Humanidades*. ISSN 1575-6823, ISSN-e 2340-219. Vol. 8. No. 15. 2006. Pág. 154.

[10] ONU: Asamblea General. "Declaración y Programa de Acción de Viena". 12 Julio 1993. [Consulta: 06 de mayo de 2024]. https://www.refworld.org.es/docid/48d21bd42.html

[11] ONU. Asamblea General. "Convención sobre la Eliminación de todas las Formas de Discriminación contra la Mujer". Nueva York, Estados Unidos. 18 Diciembre 1979. [Consulta: 1 de mayo de 2024]. https://www.refworld.org.es/docid/5d7fbcf1a.html

[12] GOBIERNO DE ESPAÑA. Ministerio de Igualdad. "Comité para la Eliminación de la Discriminación contra la Mujer (CEDAW)". [Consulta 29 de mayo de 2024]. https://www.igualdad.gob.es/comunicacion/notasprensa/comite-cedaw-onu-valor-avances-es-

combatir la violencia de género, incluidas las violencias sexuales[13].

En el ámbito americano, encontramos que la protección de la libertad sexual se deriva, entre otros instrumentos, de la Convención Interamericana para Prevenir, Sancionar y Erradicar la Violencia contra la Mujer, firmada en Belém do Pará en 1994. Esta Convención, al igual que la recomendación 35 mencionada, exhorta a los Estados a adoptar normas penales para sancionar cualquier forma de violencia contra las mujeres, incluida también la violencia sexual[14].

En Europa, se destaca el reciente Convenio del Consejo de Europa sobre Prevención y Lucha contra la Violencia contra la Mujer y la Violencia Doméstica celebrado en Estambul en 2011, que establece la necesidad de tipificar como delito cualquier tipo de acto sexual no consentido, incluyendo: *"a). La penetración vaginal, anal u oral no consentida, con carácter sexual, del cuerpo de otra persona con cualquier parte del cuerpo o con un objeto, b). Los demás actos de carácter sexual no consentidos sobre otra persona y c). el hecho de obligar a otra persona a prestarse a actos de carácter sexual no consentidos con un tercero[15]"*.

Así, es notorio que los instrumentos internacionales destinados a promover la protección de las mujeres han sido los principales impulsores de la penalización de la violencia sexual, debido a la existencia de evidencia que acredita que la mayoría de estos casos son perpetrados por hombres contra mujeres[16]. Sin embargo, la protección de la libertad sexual no está exclusivamente destinada para estas últimas, sino que se extiende a todas las personas, incluyendo a los hombres que, en ciertas oportunidades, también pueden ser víctimas, pues el bien jurídico se encuentra ligado a derechos humanos fundamentales como lo son la dignidad y el libre desarrollo de la personalidad[17].

---

pana-igualdad/

[13] ONU. Comité para la Eliminación de la Violencia contra la Mujer (CEDAW). "Recomendación general núm. 35 sobre la violencia por razón de género contra la mujer, por la que se actualiza la recomendación general núm. 19". 26 de junio de 2017. [Consulta: 1 de mayo de 2024]. https://www.acnur.org/fileadmin/Documentos/BDL/2017/11405.pdf

[14] OEA. "Convención Interamericana para Prevenir, Sancionar y Erradicar la Violencia contra la Mujer". Belém do Pará, Brasil. 06 de septiembre de 1994. [Consulta: 06 de mayo de 2024] https://www.oas.org/juridico/spanish/tratados/a-61.html

[15] CE. "Convenio del Consejo de Europa sobre prevención y lucha contra la violencia contra las mujeres y la violencia doméstica". Estambul. 11 de mayo de 2011. Artículo 36. [Consulta: 01 de mayo de 2024]. https://rm.coe.int/1680462543

[16] LAMARCA PÉREZ, Carmen. "La protección de la libertad sexual en el nuevo Código Penal". *Jueces para la democracia*, ISSN 1133-0627, No. 27. 1996. Pág. 53.

[17] Aunque se reconoce que las mujeres son quienes mayoritariamente sufren atentados contra su libertad sexual. Un ejemplo de ello es el estudio realizado por LORENTE ACOSTA, Miguel. "Estudio médico-legal de las sentencias por delitos contra la libertad y la indemnidad sexual". Noviembre de 2021. [Consulta: 01 de junio de 2024]. https://www.poderjudicial.es/cgpj/es/Poder-Judicial/En-Portada/Siete-de-cada-diez-casos-de-violencia-sexual-revisados-por-el-Tribunal-Supremo-en-2020-tenian-como-victimas-a-meno-res-de-edad-, donde se acreditó que el 97,7% de las víctimas de los casos de violencia sexual

De la misma manera, la libertad sexual es un bien jurídico que hace parte del derecho a la salud sexual, definido por la Organización Mundial de la Salud[18] (OMS) como un *"estado de bienestar físico, mental y social en relación con la sexualidad"*[19]. No se limita a la mera ausencia de enfermedad o malestar, sino que abarca *"la posibilidad de tener experiencias sexuales placenteras y seguras, libres de toda coacción, discriminación y violencia"*[20]. Este derecho ha sido reconocido como un derecho humano en compañía con la salud reproductiva en varios instrumentos normativos, pero especialmente por la Conferencia Internacional de Población y Desarrollo realizada por Naciones Unidas en El Cairo en 1994, la cual marcó un hito fundamental en lo relacionado con la protección de estos derechos.

En consecuencia, la libertad sexual es un derecho reconocido a toda persona, el cual implica la facultad autónoma de cada individuo para tomar decisiones en relación con su sexualidad, así como la posibilidad de negarse o no verse involucrado en contextos sexuales sin su consentimiento.

En lo que concierne a los componentes de la libertad sexual como bien jurídico, el consentimiento se erige como un pilar esencial, como se deduce de los principios previamente establecidos, ya que la validez de la disposición de la sexualidad requiere una decisión consciente y voluntaria de participar en actividades sexuales. No obstante, la protección de este bien jurídico desde la perspectiva del consentimiento no ha sido igualitaria en todos los ordenamientos jurídicos[21], lo que constituye un debate importante para determinar si el «Stealthing» puede considerarse una vulneración al mismo. Por ende, procederemos a examinar este aspecto a profundidad. 2.

2. El consentimiento como el pilar de la libertad sexual

2.1. Disposiciones generales del consentimiento

Desde la perspectiva del Derecho Penal, el consentimiento adquiere una importancia fundamental en relación con la aceptación de afectación a ciertos bienes jurídicos individuales que son susceptibles de ser dispuestos por su titular[22]. Esto se debe a que el consentimiento representa una expresión de la libertad de las personas, la cual constituye el objeto de protección del derecho[23].

---

abordados por el Tribunal Supremo español en 2020 eran mujeres.

[18] En adelante OMS.

[19] OMS. "La salud sexual y su relación con la salud reproductiva". ISBN 978-92-4-351288-4. 2018. Pág. 3. [Consulta: 19 de abril de 2024].
https://iris.who.int/bitstream/handle/10665/274656/9789243512884-spa.pdf?sequence=1

[20] Ídem.

[21] DE LA TORRE LASO, Jesús. "El consentimiento de las relaciones sexuales. Un análisis de su significado y las variables implicadas". *Revista de Estudios Jurídicos y Criminológicos*. ISSN-e 2660-7964. No. 8. 2023. Pág. 280.

[22] ZAMORA JIMÉNEZ, Arturo." Bien jurídico y consentimiento en derecho penal". *Letras jurídicas: revista electrónica de derecho,* ISSN-e 1870-2155. No. 6. 2008. Pág. 8.

[23] ÍÑIGO CORROZA, Elena. "El consentimiento de la víctima. Hacia una teoría normativa de la

Según ÍÑIGO CORROZA, el consentimiento debe entenderse como *"la manifestación externa de la aceptación o habilitación por parte del titular del bien jurídico a un tercero para intervenir sobre el bien jurídico del que es titular[24]"*. En consecuencia, la libertad no se ve menoscabada cuando es el poseedor de la misma quien, de manera voluntaria, ejerce su facultad de autodeterminación[25]. Por ende, cuando una persona autónomamente dispone de su libertad, incluyendo la sexual, en la mayoría de ocasiones, no hay fundamento para la intervención del Derecho Penal[26], siempre que dicho consentimiento sea válido y legítimo.

Para que el consentimiento se entienda válido y legítimo deben cumplirse una serie de criterios, a saber: i) haber sido otorgado sobre un bien jurídico disponible, es decir, un bien jurídico individual; ii) haber sido otorgado por quien tenga la capacidad de disposición de tal bien jurídico; iii) haber sido otorgado libre de vicios; iv) haber sido otorgado antes o simultáneamente al hecho; y v) haber sido claramente manifestado, ya sea de forma tácita o expresa[27].

En relación con la disponibilidad del bien jurídico, y al margen de adentrarme en la discusión que de dicha cuestión se pueda sucintar, me limitaré a mencionar que la mayoría de la doctrina ha sostenido que los bienes jurídicos colectivos no son disponibles[28] [29], sino que solamente lo son los individuales. Estos últimos están estrechamente

---

acción consiente". *Anuario de derecho penal y ciencias penales*, ISSN 0210-3001. Tomo 7. 2022. Págs. 170.

[24] Ibidem. Pág. 171.

[25] PÉREZ HERNÁNDEZ, Yolinliztli. "Consentimiento sexual: un análisis con perspectiva de género". *Revista mexicana de sociología*, ISSN-e 2594-0651, ISSN 0188-2503. Año 78. No. 4. 2016. Pág. 750.

[26] No obstante, como sostiene ÍÑIGO CORROZA, Elena. *Op. cit.* Pág. 184: no todos los bienes jurídicos individuales son absolutamente disponibles, sino que eso dependerá del valor social del bien jurídico. Al respecto, indica: *"Es cierto que algunos bienes jurídicos tienen una dimensión social de gran relevancia, y otros, en cambio, no tanto. En estos últimos la autonomía del individuo tiene un campo de acción mucho más amplio que en los supuestos donde la dimensión social del bien jurídico es más evidente."* Un ejemplo de lo anterior es el caso de las lesiones en España ya que, a pesar de que la integridad física es considerada un bien jurídico individual, según el artículo 156 del Código Penal, la autorización de proporcionar las mismas por parte del titular solamente tienen un efecto atenuante.

[27] DOMÍNGUEZ CORREA, Marcelo. "El consentimiento del ofendido: entre la justificación y la exclusión de la tipicidad". *Revista de la Facultad de Derecho*. No. 30. 2011. Pág. 120.

[28] Al respecto ÍÑIGO CORROZA, Elena. *Op. cit.* Pág. 174 ref. 11: *"Se entiende que los bienes jurídicos individuales se refieren a conflictos interpersonales entre sujetos individualizados, siendo el titular del bien jurídico personal afectado individualizable, pudiéndose cuestionar y, en su caso probar, si existió o no consentimiento. En los delitos que tutelan bienes jurídicos colectivos, no hay un sujeto pasivo individualizable al que atribuir o no el consentimiento".*

[29] En el mismo sentido CEREZO MIR, José. *Derecho penal: Parte general.* BdF. Buenos Aires. 2008. Pág. 647; GARCÍA SEGURA, María J. *El consentimiento del titular del bien jurídico en Derecho penal*. Tirant lo Blanch. Valencia. 2000, Pág. 125 y ACKERMANN HORMAZÁBAL, Ignacio E. y OVALLE DONOSO, María F. "La disponibilidad en los bienes jurídicos" *Revista de Ciencias Sociales*. No. 72. 2018. Pág. 55.

relacionados con la facultad de autorrealización del ser humano[30], como sucede con la libertad sexual. No obstante, no todos los bienes jurídicos individuales son absolutamente disponibles; esto depende, como lo indica ÍÑIGO CORROZA, de la relevancia social y jurídica de los mismos. Ejemplo de ello son la integridad personal y la vida. De ahí que, el Código Penal español en su artículo 156 solamente contemple una rebaja a la pena en caso haber autorización por parte del titular del bien jurídico para que le sean infringidas lesiones, pero sin entender que esta situación excluye el reproche penal que merece la conducta[31] [32].

Ahora bien, en lo referente a la capacidad de disposición del bien jurídico, vale precisar que aunque en ocasiones pueda parecer que una persona aparentemente autoriza una afectación a sus bienes jurídicos, lo que teóricamente excluiría cualquier reproche penal a un acto derivado de dicha situación, de todas maneras el atentado se considerará configurado[33]. Un caso ilustrativo es lo que sucede con el consentimiento emitido por parte de un menor de 16 años en España, donde no se cumpliría el requisito de haber sido otorgado por quien tenga la capacidad de disposición del bien jurídico[34], pues dichos menores carecen de tal capacidad, salvo en los casos del artículo 183 quater del Código Penal Español, el cual excluye la sanción penal cuando el autor de un delito de índole sexual es una persona que tiene un grado de desarrollo y madurez tanto físico como psicológico cercano a la del menor de edad[35].

Respecto a los vicios del consentimiento, cabe aclarar que estos no tiene la misma entidad en del Derecho Penal como en el Derecho Civil, dado que se

---

[30] Ibidem Pág. 174.

[31] Al respecto ÍÑIGO CORROZA, Elena. *Op. cit.* Pág. 184 indica que no todos los bienes jurídicos individuales son absolutamente disponibles, sino que eso dependerá del valor social del bien jurídico: *"es cierto que algunos bienes jurídicos tienen una dimensión social de gran relevancia, y otros, en cambio, no tanto. En estos últimos la autonomía del individuo tiene un campo de acción mucho más amplio que en los supuestos donde la dimensión social del bien jurídico es más evidente."*

[32] MIR PUIG, Santiago. *Derecho Penal. Parte General.* Vol. 8. Edición Barcelona. Reppertor. 2006. Pág. 510 introduce el concepto del «criterio de adecuación social». Este concepto implica la no sanción de conductas realizadas con el consentimiento del titular del bien jurídico, siempre y cuando dicha situación sea socialmente aceptada por la comunidad, lo que las excluye de ser objeto de persecución penal. Un ejemplo ilustrativo es el acceso a la propiedad ajena con el consentimiento del propietario, situación que no se considera delictiva por la aceptación social. Sin embargo, la situación difiere cuando una persona consciente algo que no es socialmente adecuado, como en el caso de las detenciones ilegales, donde, a pesar de ser consentidas por el detenido, no son consideradas «normales» por la sociedad.

[33] MACHADO RODRÍGUEZ, Iván C. "El consentimiento en materia penal". *Revista de Derecho Penal y Criminología,* ISSN-e 2346-2108, ISSN 0121-0483. Vol. 33. No. 95. 2012. Pág. 30.

[34] Según el Capítulo II del Título VIII del Libro II (De las agresiones sexuales a menores de dieciséis años) del Código Penal Español.

[35] ESPAÑA. LO 10/1995. "Código Penal". Boletín Oficial del Estado, 24 de noviembre de 1995, núm. 281.

tratan de una institución propia de este último[36] [37]. No obstante, ÍÑIGO GORROZA sostiene que, para que el consentimiento sea válido en materia penal, el titular del bien jurídico debe, en primer lugar, tener conocimiento de las situaciones que rodean el hecho, de lo contrario, el consentimiento se entenderá viciado. Un ejemplo de esto es el caso de la estafa, donde se valora el elemento engaño como fundamental para la constitución del delito[38]. En segundo lugar, debe tener voluntad de disposición del bien jurídico, en caso contrario, también habrá un vicio. Esto puede suceder cuando dicha voluntad es doblegada mediante el uso de la fuerza[39]. Ejemplo de estas situaciones se evidencia en los casos de robo, en el cual la disposición patrimonial se realiza debido a la violencia ejercida por parte del sujeto activo de la conducta[40].

Otro requisito del consentimiento es que debe ser otorgado antes o durante el acto y mantenerse vigente durante todo el tiempo que dure dicho acto. Además, esto implica que el consentimiento es revocable si la voluntad de una persona cambia, lo cual es especialmente relevante en el ámbito de los delitos sexuales. Un caso ilustrativo es el mencionado por PERMATO MARTÍN respecto del comentario sobre la Ley de 2018, que reformó el Código Penal islandés en relación con el artículo 194, donde se afirma que *"el consentimiento sólo se limita a esa instancia específica y a las acciones sexuales a las que se da el consentimiento en cada momento. Un participante en una acción sexual puede cambiar de opinión en cualquier momento..."*[41].

Finalmente, en relación con la manifestación del consentimiento, vale decir que el mismo no debe ser expreso, sino que puede ser táctico, es decir, puede derivarse de actos concluyentes e inequívocos[42], tal y como lo contempla el artículo 178 del Código Penal Español el cual establece que *"solo se entenderá que hay consentimiento cuando se haya manifestado libremente mediante actos que, en atención a las circunstancias del caso, expresen de manera clara la voluntad de la persona"*.

Ahora bien, como se había planteado previamente, el consentimiento entendido como una manifestación autónoma de la voluntad, constituye un elemento fundamental del bien jurídico de la libertad sexual, ya que dicho bien jurídico, como expresión del derecho a la dignidad humana y libre desarrollo de la personalidad,

---

[36] DOMÍNGUEZ CORREA, Marcelo. *Op. cit.* Pág. 120.

[37] Al respecto COBO DEL ROSAL, Manuel y VIVES ANTÓN, Tomás. *Derecho Penal. Parte General.* Tirant lo Blanch. 5ª Edición. 1999. Pág. 497 indica: *"el contenido y los vicios del consentimiento en el Derecho penal ha de ser apreciada con criterios propios del Derecho penal"*.

[38] Según el artículo 248 del Código Penal Español.

[39] ÍÑIGO CORROZA, Elena. *Op. cit.* Pág. 189.

[40] Según el artículo 237 del Código Penal Español.

[41] Ídem.

[42] GARCÉS VÁSQUEZ, Pablo A. "Formas de manifestación del consentimiento y su eventual tergiversación: la simulación". *Nuevo Derecho.* ISSN: 2011-4540. Vol. 10. No. 15. Pág. 90.

supone la facultad de disposición sobre el propio cuerpo en el ámbito sexual, de ahí que no pueda haber un ejercicio autónomo de la sexualidad sin consentimiento. Por consiguiente, en principio, todo acto que afecte dicha facultad de autodeterminación es merecedor de algún reproche.

No obstante, lo anterior no es una perspectiva uniforme en el marco de los distintos ordenamientos jurídicos, ya que no en todos la protección a la libertad sexual se basa en el consentimiento como pilar esencial del mismo. Es decir, a pesar de que el consentimiento debería determinar la línea entre la libre disposición de ciertos bienes jurídicos individuales, incluyendo la libertad sexual, y la intervención del derecho, esto no siempre es así, ya que hay países donde lo primordial para la protección del bien jurídico radica en la existencia de otros elementos como la violencia o intimidación. Por consiguiente, ciertos actos que en un lugar pueden ser considerado como gravemente reprochables en otros no lo son. Esto resulta crucial en relación con el "Stealthing", ya que como se expondrá seguidamente, no siempre esta conducta es suficiente para considerar constituido el atentado contra la libertad sexual, o al menos, no para ser merecedora de una sanción penal.

2.2. El consentimiento como elemento fundamental para la protección del bien jurídico de la libertad sexual

Como lo explica ÍÑIGO GORROZA, el consentimiento como eje central de ciertos bienes jurídicos ha sido previsto en la redacción de los tipos penales de diferentes maneras. En algunos casos como un elemento normativo, tanto positiva como negativamente. Un ejemplo de la inclusión positiva es el artículo 155 de Código Penal Español, el cual consagra que, *"en los delitos de lesiones, si ha mediado el consentimiento válido, libre, espontáneo y expresamente emitido del ofendido, se impondrá la pena inferior en uno o dos grados"*, mientras que la redacción negativa se observa, por ejemplo, en el artículo 144 del mismo estatuto que sanciona a *"el que produzca aborto a una mujer sin su consentimiento"*[43].

A pesar de lo anterior, no en todos los eventos el consentimiento se encuentra explícito dentro del precepto legal, sino que a veces este se integra de manera implícita como sucede, por ejemplo, en los casos en donde el delito exige la presencia de violencia o intimidación para la consumación del mismo. En estos eventos, se entiende que *"es consustancial a la valoración del riesgo típico que no puede haber consentimiento*[44]*"*, es decir, por la mediación de tal circunstancia de violencia o intimidación, es dable entender que hay ausencia de consentimiento aunque el tipo penal no lo requiera expresamente[45]. Un ejemplo de esto es el delito

---

[43]   ÍÑIGO CORROZA, Elena. *Op. cit.* Págs. 184-185.

[44]   Ibidem. Pág. 185.

[45]   Al respecto LÓPEZ ALFONSO, Carlos. "El consentimiento en los delitos contra la libertad sexual. Especial referencia a la sentencia de "La manada". Tesis de grado. Universidad Pontificia. Madrid. 2019. Pág. 16, indica: *"Tal y como se puede ver en los artículos anteriores, los delitos establecidos en el capítulo primero del título octavo de nuestro Código Penal, no establecen de manera expresa como afecta el consentimiento de una forma puramente jurídica. En este sentido, parece razonable entender que la acción típica -efectivamente recogida en los artícu-*

de robo del Código Penal español previamente referido.

Concretamente respecto a la protección a la libertad sexual, la incorporación del consentimiento dentro de las disposiciones legales no ha sido uniforme, ya que no todos los ordenamiento jurídicos lo consideran como la base determinante del bien jurídico. En aquellos lugares donde el consentimiento si es esencial, este aparece como un elemento normativo del tipo penal, siendo un ejemplo de ello el artículo 178 del Código Penal español, el cual establece que se sancionará como responsable de agresión sexual a *"el que realice cualquier acto que atente contra la libertad sexual de otra persona sin su consentimiento";* mientras que en otros sistemas legales, por la falta de comprensión de su importancia, se ha introducido de manera implícita, como en el caso colombiano, que en su artículo 205 sanciona a *"el que realice acceso carnal con otra persona mediante violencia".*

Es importante destacar que en España la inclusión explícita del consentimiento como elemento normativo de los tipos penales en el ámbito sexual no es una novedad a pesar de la reforma introducida por la Ley Orgánica 10/2022[46], ya que incluso anteriormente a dicha reforma se sancionaban a título de abusos sexuales aquellos actos sexuales que se realizaban sin consentimiento del titular del bien jurídico, siendo un ejemplo de ello el anterior artículo 181 del Código Penal. Sin embargo, estos eran diferenciados de las agresiones sexuales, consideradas como aquellas que se constituían cuando el acto de índole sexual era realizado mediante violencia o intimidación.

No obstante lo anterior, lo que hizo la Ley Orgánica 10/2022 es que marcó un cambio significativo respecto de la perspectiva sobre la protección de la libertad sexual, destacando el consentimiento como su «núcleo esencial». Esta reforma estuvo motivada principalmente por el Convenio de Estambul, el cual insta a los Estados a abordar los delitos sexuales desde la perspectiva de la voluntad del individuo en relación con su participación en actividades de naturaleza sexual[47]. Por lo tanto, la reforma fue necesaria para eliminar la distinción entre agresiones sexuales y abusos sexuales anteriores, ya que, bajo esta nueva perspectiva, basta con la falta de autorización para que la agresión sexual se entienda constituida, independientemente de la presencia de otros elementos como la violencia o la intimidación. De ahí que no puedan considerarse unos supuestos como abusos y otros como agresiones, pues todos tienen la misma naturaleza en función del consentimiento[48].

---

los- da por hecho que no existe voluntad del sujeto pasivo a que la misma se lleve a cabo, por lo que se puede entender la inexistencia tácita de consentimiento cada vez que se desarrollen las conductas efectivamente dispuestas en los artículos y se dañe o al menos se ponga en peligro el bien jurídico del sujeto pasivo -en este caso la libertad e indemnidad sexual-."

[46] BOE núm. 215, de 07 de septiembre de 2022.

[47] Refiriéndose al Convenio de Estambul indica PERMATO MARTÍN, Teresa. *Op. cit.* Pág. 11 que, *"para el Convenio de Estambul la esencia de la violencia sexual en todo caso está en la ausencia de consentimiento que "debe prestarse voluntariamente como manifestación del libre arbitrio de la persona considerado en el contexto de las condiciones circundantes" (art. 36.2)".*

[48] PERMATO MARTÍN, Teresa. *Op. cit.* Pág. 10.

Bajo el mismo desarrollo anterior recientemente se aprobó la Directiva 1385 de 2024 sobre la Lucha contra la Violencia contra las Mujeres y la Violencia Doméstica de la Unión Europea (UE), la cual, desde su propuesta aprobada el 28 de junio de 2023 instaba a los Estados a que *"se entienda por acto no consentido todo acto realizado sin el consentimiento voluntario de la mujer o cuando la mujer no pueda formar su libre voluntad debido a su estado físico o mental...[49]"*. Esto llevó a que en el artículo 35 de la mencionada Directiva se estableciera la necesidad de adoptar *"medidas específicas para prevenir la violación y promover el papel fundamental del consentimiento en las relaciones sexuales[50]"*.

Pese a lo que está sucediendo en el continente Europeo, este cambio de perspectiva no se ve extendido a todos los territorios, como sucede en los países latinoamericanos, que aún mantienen solamente una visión implícita del consentimiento, lo que lo deja subsumido dentro de otros elementos[51]. Esto equivale a entender que no siempre la ausencia de autorización para participar en determinados actos sexuales es suficiente para que el derecho pueda intervenir, sino que se hace necesario demostrar la presencia de otros supuestos como el despliegue de actos de carácter violento o intimidatorio por parte del agresor para que el delito se constituya.

En el caso colombiano, la Corte Suprema de Justicia ha tratado de matizar esta exigencia, estableciendo que *"sobre la tipicidad del delito de Acceso carnal violento, esta Sala ha dicho que por violencia "se entiende la fuerza, el constreñimiento, la presión física o psíquica —intimidación o amenaza— que el agente despliega sobre la víctima para hacer desaparecer o reducir sus posibilidades de oposición o resistencia a la agresión que ejecuta[52]"*. Es decir, basta con reducir la capacidad de oposición que la víctima pueda realizar al acto sexual. Sin embargo, dicha acción

---

[49] UE. Parlamento Europeo y Consejo de la Unión Europea. "Informe de la propuesta de Directiva del Parlamento Europeo y del Consejo sobre la Lucha contra la Violencia contra las Mujeres y la Violencia Doméstica". 06 de julio de 2023. Pág. 17. [Consulta: 01 de mayo de 2024]. https://www.europarl.europa.eu/doceo/document/A-9-2023-0234_ES.html#_section1

[50] UE. Parlamento Europeo y Consejo de la Unión Europea. Directiva 1385/2024, de 24 de mayo de 2024, sobre la Lucha contra la Violencia contra las Mujeres y la Violencia Doméstica [Consulta: 30 de mayo de 2024] https://www.boe.es/buscar/doc.php?id=DOUE-L-2024-80770.

[51] Al respecto ALVAREZ MEDINA, Silvina. "La sexualidad y el concepto de consentimiento sexual". *Doxa. Cuadernos de Filosofía del Derecho*. ISSN: 2386-4702, ISSN: 0214-8676. No. 47. 2023. Pág. 354: *"Como ha señalado Susan Estrich en su trabajo pionero sobre violación, las legislaciones y la jurisprudencia sobre agresiones sexuales han insistido durante mucho tiempo en la presencia de fuerza o amenazas como elemento necesario para poder acreditar la conducta delictiva (2010, pp. 67-71). A su vez, dicha fuerza debía ser resistida por la víctima con señas físicas visibles para poder completar el cuadro probatorio (Estrich 2010:72-73). Solo muy recientemente en la evolución del tratamiento de los delitos contra la libertad sexual aparece el consentimiento como elemento nuclear para dirimir la responsabilidad penal, persistiendo, sin embargo, una gran confusión, mitos y errores, en torno a sobre qué se debe consentir, cómo se espera que se exprese dicho consentimiento y qué tratamiento se debe dar a los aspectos que revisten dicho consentimiento"*.

[52] CSJ. SP3574/2022. Radicación No. 54189. MP. Myriam Ávila Roldán. 05 de octubre de 2022.

debe realizarse, al menos, mediante intimidación psicológica[53].

La situación descrita representa un desafío particular en los casos de «Stealthing», ya que esta conducta ocurre de manera sigilosa, es decir, sin que la otra persona implicada en la actividad sexual sea consciente de la retirada del preservativo. En consecuencia, si los ingredientes normativos de los delitos sexuales son la violencia e intimidación, en lugar de la ausencia de consentimiento, esta situación no podría ser subsumida en los mismos por no cumplir con dichos elementos normativos básicos. Además, al no existir otros tipos penales similares que consideren el consentimiento como un elemento determinante, la conducta sería completamente atípica, ya que según el principio de legalidad, ningún acto puede ser considerado delito sin una ley previa que así lo establezca[54].

Bajo esta perspectiva, si analizamos el ejemplo 1 planteado en la introducción de este escrito, María no podría responder por el delito de acceso carnal contemplado en el artículo 205 del Código Penal colombiano. Los mismo sucedería con el amigo de Louise en el caso expuesto por la BBC. Esto se debe a que ellos no ejercieron fuerza alguna, ni física ni psicológica, para llevar a cabo la conducta. Además, en virtud de la ausencia de tipos penales en los que se sancione el hecho de realizar actos sexuales sin consentimiento, aunque Camilo y Louise no deseaban sostener relaciones sexuales sin el preservativo, tal falta de voluntad no sería suficiente para entender afectada su libertad sexual, o al menos no para que su afección sea susceptible de ser protegida por el Derecho Penal colombiano, pues en estas circunstancias se prioriza la existencia de otros elementos por encima de los deseos de las víctimas.

Ahora bien, la situación es diferente en los eventos en que el consentimiento sí es un elemento normativo del tipo, o lo que es mejor, es entendido como la base de la protección a la libertad sexual, donde lo que debemos preguntarnos es si María o el

---

[53] Esto también plantea los problemas relacionados con estudiar el comportamiento de la víctima para considerar si su voluntad estuvo no doblegada, por lo que, como lo dice SÁNCHEZ ÁVILA. Luz K. "El caso del "Stealthing" y su afectación a los derechos sexuales en el ámbito social y legal colombiano". *Revista Derecho Penal*. ISSN:1692-1682. No.65. 2018. Págs. 91-120: *"si el juez no considera la existencia de determinado comportamiento de la víctima, se descalifica el tipo penal, dando carga a esta como "responsable", quedando todos los hechos en un proceso penal como elementos que, al fin y al cabo, terminan siendo a favor del procesado, pues la víctima incurrió en comportamientos incorrectos y, por tanto, el victimario, comúnmente hombre, no tiene toda la culpa de sus acciones"*.

[54] Al respecto, VELARDE RODRÍGUEZ, Jaime A. "El principio de legalidad en el Derecho Penal". *Revista de la Facultad de Derecho y Ciencia Política de la Universidad Alas Peruanas*. ISSN-e 2313-1861, ISSN 1991-1734. Vol. 12. No.. 13. 2014. Pág. 233: *"Nullum crimen sine scripta, stricta, certa et praevia lege ("no hay delito sin ley escrita, cierta y previa"). El principio de legalidad de los delitos es un axioma jurídico en virtud del cual ningún acto u omisión voluntaria es considerado como delito sin que una ley escrita, cierta y anterior lo haya previsto como tal. La ley que describe un hecho como delito debe ser precisa y clara (lex certa) y estar plasmada en la ley positiva estrictamente (lex scripta et stricta)"*.

amigo "con beneficios" de Louise realmente realizaron un acto sexual no consentido, es decir, si el retiro del condón sin que Camilo y Louise se percataran es un hecho con entidad suficiente para que se cumpla el requisito de ausencia de consentimiento que da lugar a la intervención del ordenamiento jurídico por considerar la constitución de una agresión sexual.

En otras palabras, este escenario plantea una nueva cuestión a considerar y es la de cómo tiene lugar esa ausencia de consentimiento en los casos de "Stealthing", es decir ¿el consentimiento emitido por la víctima de la conducta se brinda de manera viciada? En el ejemplo 1 planteado ¿María engañó a Camilo para que aceptara la relación sexual bajo la falsa creencia del uso de condón durante el transcurso de la misma? ¿O más bien debe entenderse que el acto sexual sin el uso del preservativo constituye una nueva actividad sexual respecto de la cual el otro sujeto involucrado en el acto nunca brindó su consentimiento? En relación a estas preguntas, existen dos teorías.

3. El "Stealthing" como una agresión sexual a partir del consentimiento

3.1. El "Stealthing" como un engaño capaz de viciar el consentimiento

Antes de abordar la teoría que sostiene que el «Stealthing» constituye un engaño que invalida el consentimiento, es crucial explorar a profundidad si el engaño ha sido un concepto relevante y recurrente en el ámbito penal para la tipificación de diversos delitos. Este breve análisis nos permitirá comprender mejor el contexto en el que se inscribe el debate sobre la influencia del engaño en la determinación de la validez del consentimiento en los casos de "Stealthing".

3.1.1 El engaño como vicio del consentimiento en materia penal

El engaño se define como un vicio del consentimiento en el cual, mediante procedimientos o maniobras ilícitas, se induce a error a otra persona con un propósito específico[55]. Este engaño puede manifestarse de dos maneras: de forma positiva, mediante la ejecución de acciones destinadas a generar el error[56]; y de forma negativa, al omitir información o circunstancias relevantes para inducir al error o para mantener a una persona en él[57].

De la misma manera que la violencia, el engaño ha sido considerado relevante a la hora de evaluar la constitución de delitos desde hace algún tiempo atrás. Un ejemplo ilustrativo es el antiguo delito de estupro, cuyos orígenes se remontan a

---

[55] CELIS RABAT. Fernando; J.;VICUÑA ALESSADRI, Ignacia y MAURIZINAO, Francesca. "los vicios del consentimiento". *Revista de derecho UDD*. Edición No. 40. 2019. Pág. 288.

[56] VIAL DEL RÍO, Víctor. *Teoría general del acto jurídico*. Editorial Jurídica de Chile. 5ª edición. Santiago de Chile. 2021. Pág. 117.

[57] CELIS RABAT. Fernando J.; VICUÑA ALESSADRI, Ignacia y MAURIZINAO, Francesca. *Op. cit.* Pág. 289.

la Roma antigua[58] y el cual consistía en castigar a los hombres que, teniendo la obligación de respetar a las mujeres con las que no estaban casados, mantenían relaciones sexuales con ellas mediante seducción o engaño[59]. Es decir, se consideraba estupro el «*coito consensuado con una mujer que ha sido engañada o seducida mediante falsas promesas*»[60].

El estupro ha perdurado hasta nuestros días, siendo contemplado inicialmente en el Código Penal español de 1822, en su capítulo V, artículo 688[61], posteriormente en el Código Penal de 1948, en el artículo 365[62] y, manteniéndose hasta el actual Código Penal de 1995, en su artículo 183, incisos 1 y 2. Sin embargo, en esta última versión, se limitó a casos donde el abuso sexual o acceso carnal se realizara mediante engaño, pero con menores de entre 13 y 16 años[63]. Esta definición se mantuvo hasta la reforma efectuada por la Ley Orgánica[64]10 de 2022 donde el delito desapareció[65].

Otro ejemplo destacado es el tipo penal de estafa, el cual, de acuerdo con el artículo 248 del Código Penal Español[66], se configura cuando, mediante engaño suficiente para inducir en error a otra persona y con el propósito de obtener un

---

[58] Contemplado inicialmente en la a Lex lulia de adulteris coercendis (18 a.c) y en el digesto justinaneo del año 533 d.c libro 48, título 5 ley 34, según: LÓPEZ TÉLLEZ, Denitza; GUERRERO VERANO, Martha G. y FERNÁNDEZ CUEVAS, María P. "El delito de estupro v/s Derechos Humanos de las niñas y adolescentes". *Revista Inclusiones*. ISSN-e 0719-4706. Vol. 6 No. extra 21. 2019. Pág. 38.

[59] BOIX REIG, Javier. *El delito de estupro fraudulento*. Madrid: Universidad Complutense, Instituto de Criminología. 1979. Págs. 192 y 193.

[60] LÓPEZ TÉLLEZ, Denitza; GUERRERO VERANO, Martha G. y FERNÁNDEZ CUEVAS, María P. "El delito de estupro v/s Derechos Humanos de las niñas y adolescentes". *Revista Inclusiones*. ISSN-e 0719-4706. Vol. 6 No. extra 21. 2019. Pág. 38.

[61] El artículo 688 del Código Penal español del 8 de junio de 1822 consagraba: "*El que abuse deshonestamente de una mujer no ramera conocida como tal, engañándola real y efectivamente por medio de un matrimonia fingido y celebrado con las apariencias de verdadero, sufrirá la pena de ocho á doce años de obras públicas, con igual destierro mientras viva la ofendida. Si la engañada fuere mujer pública, conocida como tal , sufrirá el reo de matrimonio fingido tres á seis años de obras públicas y cuatro más de destierro del pueblo donde cometiere el delito*".

[62] El inciso tercero del artículo 365 del Código Penal español de 1948 consagraba: "*El estupro cometido por cualquier otra persona interviniendo engaño, se castigará con la pena de prisión correccional*".

[63] El artículo 183 del Código Penal español de 1995 consagraba: "*1. El que, interviniendo engaño, cometiere abuso sexual con persona mayor de trece años y menor de dieciséis, será castigado con la pena de prisión de uno a dos años, o multa de doce a veinticuatro meses. 2. Cuando el abuso consista en acceso carnal por vía vaginal, anal o bucal, o introducción de objetos por alguna de las dos primeras vías, la pena será de prisión de dos a seis años. La pena se impondrá en su mitad superior si concurriera la circunstancia 3 o la 4 de las previstas en el artículo 180.1 de este Código*".

[64] En adelante LO.

[65] Ya que la edad de consentimiento sexual ahora parte desde los 16 años como consecuencia en la reforma introducida por la LO1/2015.

[66] LO 10 de 1995. BOE núm. 281, de 24 de noviembre de 1995.

beneficio económico, se consigue que la víctima disponga de su patrimonio[67]. El delito de estafa requiere el cumplimiento de ciertos requisitos vitales para su constitución, a saber: i). Un engaño suficiente, ii). Que dicho engaño produzca error en la otra persona, iii). Que por ese error la persona disponga de su patrimonio y, iv). Que quien induce al error tenga ánimo de lucro[68]. Habrá engaño suficiente cuando se realice aquella conducta *"tendente a generar error en otra persona, realizada con fines defraudatorios, e idónea para conseguirlo"*[69].

En los casos de estupro y estafa el consentimiento del titular del bien jurídico está presente. Sin embargo, se otorga de manera viciada, siendo esto lo relevante para sancionar la conducta, pues al mediar engaño, dicha disposición de libertad sexual o patrimonio no puede entenderse legítima[70].

Lo anterior son ilustraciones que ponen en evidencia como el engaño ha sido históricamente considerado en la legislación penal como un elemento esencial que justifica la tipificación de ciertas conductas. De ahí que es totalmente válido analizar el "Stealthing" a la luz de dicho elemento, pues podríamos entender que el sujeto que retiró el preservativo generó un error en el titular del bien jurídico al hacerle creer que participaría en una relación sexual protegida sin que ello fuera cierto, siendo dicho elemento, la falsa creencia de uso de condón, lo determinante para emitir su consentimiento. En este evento, se generó un engaño en la persona, pues esta creyó falsamente que el otro participante en el acto sexual usaría el profiláctico durante toda la relación de índole sexual. Sin embargo, este planteamiento genera ciertos problemas especialmente relacionados con la acreditación de la existencia del referido engaño, tal y como se expondrá a continuación.

3.1.2 El "Stealthing" como un engaño que afecta el consentimiento del titular del bien jurídico de la libertad sexual

Esta teoría en cabeza del autor COCA VILA plantea que, para que el consentimiento sexual se entienda válido, este debe emitirse frente a los elementos esenciales que determinan la relación sexual, los cuales, a su juicio, son tres[71]: i). El hecho de conocer que se está participando en una relación o acto de contenido sexual; ii). La identidad de la persona que participa en el acto con otro y iii). El grado de injerencia

---

[67] BALMACEDA HOYOS. Gustavo. *El delito de estafa informática.* Ediciones Jurídicas de Santiago. Santiago de Chile. 2007.Pág. 41.

[68] STS. 1242/2006. M.P. Diego Antonio Ramos Gancedo. 20 de diciembre de 2006.

[69] GÓMEZ BENÍTEZ, José M. *Op. cit.* Pág. 338.

[70] Concretamente sobre el Estupro, BOIX REIG, Javier. *Op. cit.* Pág. 197 sostiene: *"Este vicio del consentimiento se produce como fase última del proceso de seducción, es el término con el que se logran las pretensiones, y gracias al que la persona que tiene el consentimiento viciado accede a la prestación sexual. Supone, como lo indica la reciente sentencia del 3 de julio de 1975, una capacidad limitada para consentir por parte del sujeto pasivo".*

[71] COCA VILA, Ivo. "El stealthing como delito de violación Comentario a las STSJ-Andalucía 186/2021, de 1 de julio y SAP-Sevilla 375/2020, de 29 de octubre". *Revista Indret.* ISSN-e 1698-739X. No. 4. 2022. Pág. 304.

en la relación sexual, es decir, de qué manera y bajo qué condiciones se va a adelantar la misma[72].

Para el autor, cuando hay una falla en el consentimiento otorgado respecto de los tres elementos previamente descritos, se afecta lo que él denomina como la pretensión de veracidad de la víctima garantizada por la norma penal, refiriéndose tal pretensión a la base de información mínima que debe tener una persona y que presume como verdadera para consentir sexualmente de manera válida[73].

Dado lo anterior, se vicia el consentimiento cuando la persona lo emite, pero no conoce que lo está haciendo para participar en un acto de contenido sexual. Un ejemplo de ello es el caso abordado por la SAP Madrid 611/2016, de 10 de noviembre, en el que una paciente autorizó que un médico expusiera parcialmente sus senos e introdujera dos dedos en su vagina cuando ello no era necesario ni justificado con base en la patología que presentaba[74]. En este evento, la aceptación se realizó bajo la falsa creencia de que ello era necesario para determinar el grado de afectación a su salud[75].

De la misma manera, se vicia el consentimiento cuando hay un error respecto a la identidad de la persona con la que se participa en el acto sexual. Un ejemplo ilustrativo de esta situación se evidencia en el caso abordado por la sentencia de la SAP Cáceres 934/2020 de 24 de septiembre[76], en donde, en resumen, ocurrió lo siguiente: una mujer mantuvo relaciones sexuales con un hombre, quien luego se levantó y salió de la habitación. La mujer permaneció de espaldas, mirando hacia la pared. Posteriormente, ingresó otra persona distinta al recinto, se desnudó y se unió a mujer en la cama comenzando adelantar un coito con consentimiento, ya que la mujer creía que estaba con el mismo hombre con el que había acabado de sostener relaciones sexuales, quien deseaba un nuevo coito. Después de finalizar el acto, la mujer se dio cuenta de que no se trataba de la misma persona sino que había mantenido la relación sexual con alguien totalmente diferente.

El supuesto descrito anteriormente afecta la pretensión de veracidad de la víctima en la medida que no podía pretender, esperar o representarse que la persona con la que sostenía el acto sexual no era quien asumía, constituyéndose así el engaño que vicia el consentimiento inicialmente otorgado[77]. No obstante lo anterior, la situación planteada genera la cuestión de si cualquier error sobre la identidad de la persona vicia el consentimiento, como sucede, por ejemplo, cuando alguien cree erróneamente que está manteniendo relaciones sexuales con el Rey de España o con una persona famosa, sin que ello sea cierto.

---

[72] Ibidem. Págs. 304 y 305.

[73] Ibidem. Pág. 303.

[74] SAP Madrid, 611/2016. MP. Francisco David Cubero Flores. 10 de noviembre de 2016. ECLI:ES:APM:2016:15363.

[75] COCA VILA, Ivo. *Op. cit.* Pág. 304.

[76] SAP Cáceres, 934/2020. MP. Valentín Pérez Aparicio. 24 de septiembre de 2020. ECLI:ES:APCC:2020:934.

[77] COCA VILA, Ivo. *Op. cit.* Pág. 305.

Al respecto, COCA VILA enfatiza en que no todo engaño tiene la entidad suficiente para viciar el consentimiento sexual o, mejor dicho, para requerir la intervención del Derecho Penal, sino solo aquel que es considerado suficiente, tal y como se requiere en casos de estafa[78]. Por consiguiente, la víctima tiene deberes de autoprotección que le exigen investigar y asegurarse de la calidad real de la persona con la que decide realizar actos de índole sexual. Por esta razón, el caso de quien cree erróneamente que está manteniendo relaciones sexuales con el Rey de España o una persona famosa no podría ser reprochado penalmente[79] [80].

Finalmente, en cuanto al tercer error propuesto por COCA VILA, esto es, el relacionado con el grado de injerencia en la relación sexual, el autor se refiere al hecho de mantener el acto sexual de una manera específica y no de otra[81]. El ejemplo más común ocurre cuando se consiente tener una relación sexual vaginal, sin que este consentimiento se extienda a la penetración anal. Es en este punto donde, según su criterio, debería situarse el «Stealthing».

Para el autor, retirarse el condón sin consentimiento de la otra persona involucrada en el acto sexual constituye un engaño suficiente que vicia el consentimiento inicialmente brindado, ya que la persona autorizó sostener la relación sexual de una manera determinada y no de otra[82]. No obstante, aclara que no todos los eventos en los que hay un error en la injerencia de la relación sexual pueden ser considerados como un engaño suficiente, tal y como sucede en los eventos de "Stealthing inverso",

---

[78] En el mismo sentido PASCUAL. Gili. "Stealthing. Sobre el objeto del consentimiento en el delito de abuso sexual". *Cuadernos de política criminal*, ISSN 0210-4059. No 135. 2021.Pág. 111: *"Por ello, no todos los ejemplos de engaño antes citados son, a mi modo de ver, equiparables. Naturalmente, se sentirá engañado, pero en sentido coloquial (y con tal vez alguna acción civil, dependiendo del caso), quien accede a una relación por motivos que resultaron ser falaces, ya sea la trasnochada promesa de matrimonio o cualquier otra (como la condición de soltero o la atribución de otras características personales –religión, riqueza, fama– por parte de la pareja sexual, que no fueron finalmente las que se dijo tener). Pero tales errores sobre los motivos, por bien que procedentes de engaños deliberados, no deben ser considerados en general, como se ha dicho, penalmente relevantes porque no implican la afectación que conlleva el auténtico atentado contra la libertad sexual que el Derecho penal quiere prevenir".*

[79] COCA VILA, Ivo. *Op. cit.* Pág. 305.

[80] Aunque considero más acertada la explicación brindada por CASTELLVÍ MONSERRAT, Carlos, en "¿Violaciones por engaño? Sobre el concepto de consentimiento y el objeto del consentimiento sexual". *Revista Indret*. ISSN-e 1698-739X. No. 4. 2023. Pág. 209, el cual indica que lo fundamental de esta cuestión radica en la naturaleza corporal inherente a los actos sexuales. Esto implica que la relación sexual se lleva a cabo con la persona cuyo cuerpo corresponda al deseado, independientemente de que su identidad real no sea la percibida. Por lo tanto, quien cree estar con el Rey de España, aunque no sea así, desea tener relaciones sexuales con la persona que está representando ser el rey.

[81] COCA VILA, Ivo. *Op. cit.* Pág. 305.

[82] En el mismo sentido PASCUAL, Gili. *Op. cit.* Pág. 112: *"Pero sí será relevante, independientemente de la edad de la víctima, el error que recaiga sobre el propio contenido y significación de la práctica sexual, éste sí afectante a la vertiente de la libertad que resulta penalmente tutelada".*

el cual tiene lugar cuando lo que se pacta es el no uso del preservativo. En este escenario se *"constituye un minus en términos de afectación a la libertad sexual (injerencia corpórea) respecto de la injerencia pactada"*[83], es decir, hay una falta se lesividad penal[84].

Así pues, a la luz de los postulados expuestos, el "Stealthing" si constituye un engaño capaz de viciar el consentimiento por versar sobre un elemento esencial de los actos sexuales, lo que llevaría a entender que el mismo no existió, dando lugar a la configuración del atentado contra libertad sexual.

No obstante lo anterior, la presente teoría plantea ciertas falencias que el profesor CASTELLVÍ MONSERRAT resalta, pues considera que la misma no explica adecuadamente las razones por las cuales solo los engaños que conciernen a los tres aspectos planteados por el autor deberían considerarse relevantes, excluyendo los de otra clase[85]. Para él la protección a la libertad sexual no puede distinguir entre buenos o malos motivos para consentir las relaciones sexuales o entre razones suficientes o no, pues *"los delitos contra la libertad sexual garantizan, precisamente, la posibilidad de aceptar o rechazar un acto sexual por el motivo que sea*[86]*"*, no pudiendo nadie determinar lo que resulta relevante para que una persona decida si consentir o no una determinada conducta[87].

---

[83] COCA VILA, Ivo. *Op. cit.* Pág. 305.

[84] En el mismo sentido sobre el "Stealthing" inverso el profesor CASTELLVÍ MONSERRAT, Carlos, *Op. cit.* Pág.. 202.

[85] Refiriéndose concretamente a los postulados de COCA VILA, CASTELLVÍ MONSERRAT, Carlos, *Op. cit.* Pág. 190. Ref. 42 indica: *"¿Qué clase de engaños vician el consentimiento de modo que el menoscabo de la libertad sexual de la víctima constituye un delito de agresión sexual y cuáles son a tal efecto irrelevantes?». Adviértase que dicha pregunta sería absurda con el concepto de «vicio del consentimiento» empleado en el texto, pues, en este sentido, la existencia de un vicio en el consentimiento (sexual) prejuzga la concurrencia de una agresión sexual y, por tanto, no hay (por definición) vicios del consentimiento penalmente irrelevantes".* Igualmente en la Pág. 194. Ref. 55., cuando habla del contacto corporal como elemento definitorio de los actos sexuales, indica que COCA VILA *"alude a elementos similares para «capturar la dimensión sexual de la autonomía y, por ende, la esencia del delito de agresión sexual frente a otras formas delictivas graves». La diferencia es que él no emplea dichos elementos para definir un acto sexual (y distinguirlo de otro), sino para delimitar los engaños que vician el consentimiento sexual. Sin embargo, creo que operando de este modo oculta que los elementos en cuestión no solo definen los engaños sexuales penalmente relevantes, sino que delimitan aquello que tienen en común todas las agresiones sexuales sin consentimiento (art. 178.1 CP). Precisamente por ello, su planteamiento se enfrenta a serios problemas a la hora de fundamentar por qué (solo) son relevantes los engaños relativos a determinados elementos (el grado de injerencia corporal, la naturaleza sexual de la actividad, etc.)".*

[86] CASTELLVÍ MONSERRAT, Carlos, *Op. cit.* Pág. 187.

[87] Al respecto CASTELLVÍ MONSERRAT, Carlos, *Op. cit.* Pág. 186: *"tal y como indica DOUGHTERY, «uno de los principales logros de las olas de liberación sexual ha sido la promoción de un pluralismo sexual que permite a cada individuo perseguir su propia concepción del bien sexual». Dicho pluralismo es incompatible con afirmar que determinados motivos para «consentir» una relación sexual son ilegítimos y, por ello, no merecen protección penal.*

De la misma manera, se podría añadir otra crítica a la teoría presentada, ya que sostener que el «Stealthing» constituye un engaño que invalida el consentimiento presupone que el perpetrador siempre tuvo la intención de retirar el condón durante el acto sexual. En consecuencia, por medio de determinados artificios indujo en error a la víctima para que otorgara su autorización bajo la falsa creencia de una relación sexual protegida, siendo su verdadero propósito el de adelantarla desprotegidamente.

La anterior observación se apoya en la comparación con los elementos necesarios para configurar el delito de estafa, donde no basta con demostrar que la persona erróneamente dispuso de su patrimonio, sino que se debe probar que el autor, a través de acciones específicas, indujo al error que llevó a la víctima a realizar la mencionada disposición patrimonial[88]. Este mismo principio se aplicaba al antiguo delito de estupro, como lo indicó la STS 1229/2011, de 16 de noviembre: *«la determinación de la idoneidad del engaño ha de estar fijada, no con arreglo a parámetros universales, sino atendiendo a las circunstancias personales de quien presta su consentimiento para un acto sexual que, en otras circunstancias, no habría consentido. Ese engaño, pues, ha de ser determinante, en términos de causalidad jurídica, de la prestación del consentimiento[89]»*.

De esta manera, no solamente debería acreditarse la emisión del consentimiento por parte del afectado, y que este se emitió bajo la falsa creencia de utilización de preservativo durante toda la relación sexual, sino también que los actos desplegados por el autor fueron idóneos para generar el error que engañó a la persona y que, como consecuencia, la convencieron de consentir[90]. Sin embargo, partiendo de la

---

En este sentido, condicionar la protección de la libertad sexual a los motivos de su titular constituye una forma de «moralismo sexual» que, hoy en día, resulta inadmisible". Y continúa diciendo en la Pág. 187: *"los delitos contra la libertad sexual garantizan, precisamente, la posibilidad de aceptar o rechazar un acto sexual por el motivo que sea31. El hecho de que ese motivo tenga carácter discriminatorio es algo que, desde la perspectiva de la libertad sexual, resulta irrelevante32. A estos efectos, la decisión de no realizar un acto sexual con una persona árabe o transexual es igual de válida que la decisión de no hacer lo propio con alguien fértil o que padece una enfermedad venérea33. Y, precisamente por ello, ambas decisiones merecen la misma protección por parte de los delitos contra la libertad sexual (aunque, obviamente, la decisión de no realizar actos sexuales que impliquen riesgos para la integridad física también estará protegida por los delitos de lesiones".*

[88] FERNANDEZ MORÓN, Alba. "Aspectos esenciales del delito de estafa en el Código Penal español". Tesis de Máster. Universidad de Alcalá. 2019. Págs. 5-9.

[89] STS 1229/2011. M.P. Manuel Marchena Gómez. 16 de noviembre de 2011. ECLI:ES:TS:2011:7597.

[90] En este sentido, la STS 94/2002. MP. Enrique Bacigalupo Zapater. 2 de febrero de 2002. ECLI:ES:TS:2002:625.: *"no todo engaño sirve suficiente para determinar la existencia de estafa, sino que es preciso que sea bastante y suficiente para producir el efecto inductor de la ajena voluntad para disponer de bienes patrimoniales, por lo que se habrá de excluir la utilización de engaños que sean fantásticos, absurdos, ilusorios y, en definitiva, increíbles para la generalidad de las gentes con capacidad intelectual y sensatez dentro de la media normal. Y, por otra parte, comoquiera que ha de ser el engaño medio para determinar la ajena voluntad*

base de que los delitos sexuales suelen tener lugar en espacios íntimos o cerrados, esto es sumamente difícil de demostrar.

3.2. El "Stealthing" como un acto sexual distinto al inicialmente consentido

Para el profesor CASTELLVÍ MOSERRAT, el caso del «Stealthing» no se considera un engaño que invalide el consentimiento de la víctima, ya que aceptar esta premisa implicaría respaldar la idea de que cualquier engaño o mentira en el ámbito sexual debería ser objeto de sanción penal, pues resulta difícil delimitar qué engaños tienen o no la entidad suficiente para ser merecedores de reproche penal en el ámbito de los delitos sexuales[91]. Por lo tanto, prefiere considerar que mantener una relación sexual sin condón representa un acto sexual distinto al inicialmente consentido, es decir, a aquel que implica el uso del preservativo[92].

Para el autor, la esencia de los actos sexuales consensuados válidamente[93] radica en el contacto corporal que estos implican, siendo esta su característica definitoria. Por lo tanto, cuando el elemento esencial, es decir, el tipo de contacto corporal acordado, cambia, el consentimiento debe ser renovado. En consecuencia, permitir una penetración vaginal no implica automáticamente la autorización para una penetración anal.

La misma lógica del planteamiento anterior aplica al "Stealthing", pues no es lo mismo aceptar un contacto físico con preservativo que uno con la membrana mucosa del otro sujeto; por lo tanto, *"el profiláctico representa una barrera física que resulta lo suficientemente trascendente como para definir el acto sexual consentido[94]"*. Esta argumentación es la misma que defiende la autora BRODSKY, quien afirma que, en los casos de "Stealthing", *"la víctima consintió en ser tocado con un condón, no con la piel de un pene. La ley es clara en cuanto a que uno puede dar su consentimiento a una forma de contacto sexual sin dar un consentimiento general futuro a todo contacto sexual[95]"*. Los postulados de la Fiscalía General del Estado español en la circular 11/2023 de 29 de marzo van en la misma dirección que los autores mencionados anteriormente, pues en esta se establece: *"Conviene precisar que el consentimiento, por lo general, no se presta de un modo absoluto e ilimitado, sino que admite graduaciones, puede aparecer condicionado a las más variadas circunstancias y, desde luego, es revocable*

---

es necesario que anteceda temporalmente a esta y la provoque y determine en rigurosa vía causa".

[91] Tal y como se deriva de la crítica que realiza a la teoría propuesta por COCA VILA.

[92] CASTELLVÍ MOSERRAT, Carlos. *Op. cit.* Pág. 193.

[93] Al respecto CATELLVÍ MONSERRAT, Carlos. *Op. cit.* Pág. 195 aclara que no se exige ese contacto corporal en los actos sexuales que se llevan a cabo con base en un consentimiento viciado, tal y como ocurre, por ejemplo, cuando una persona intimida a otra para que se masturbe en frente suyo, acá se constituirá una agresión sexual, pero por haber mediado una coacción que invalida el consentimiento inicialmente otorgado.

[94] CASLTELLVÍ MONSERRAT, Carlos. *Op. cit.* Pág. 196-197.

[95] BRODSKY, Alexandra. "Rape-adjacent": Imagining legal responses to nonconsensual condom removal". *Columbia Journal of Gender and Law*. Pág. 190.

sin excepción. Quien recibe el consentimiento para realizar un acto de carácter sexual queda vinculado por los términos en los que le ha sido otorgado y no se encuentra autorizado para exceder los márgenes consensuados[96]".

Lo anterior implica que el consentimiento dado para un acto sexual específico está limitado al acto corporal determinado para el cual se otorgó, sin poder extenderse automáticamente a otros contactos físicos que puedan surgir durante la relación sexual

En el mismo sentido y en relación concreta con el «Stealthing», el Tribunal Superior de Justicia de Reino Unido, en el reconocido caso Assange vs Swedish Prosecution Authority, condenó al acusado por retirarse el preservativo durante el curso de una relación sexual sin el consentimiento de la otra parte involucrada. Consideró el Tribunal que la víctima había otorgado un «consentimiento condicional», es decir, un consentimiento emitido bajo una condición específica que, en este caso, consistía en el uso del preservativo. Por lo tanto, al no respetarse dicha condición, se constituyó un delito de conformidad con la legislación inglesa[97].

Bajo la misma línea se encuentra la famosa Sentencia 186/2021, de 1 de julio emitida por el Tribunal Superior de Justicia de Andalucía, mediante la cual confirmó la SAP Sevilla 375/2020, donde se indicó:

> *"Como expone con detalle el tribunal a quo, la acción consistente en prescindir de preservativo durante todo o parte de una relación sexual, pese a haber sido pactado o impuesto por la pareja como condición al prestar el consentimiento, conocida en la doctrina científica y de los tribunales con la denominación anglosajona stealthing, constituye un atentado a la libertad sexual de la otra persona partícipe en la relación en cuanto ésta no ha consentido cualquier suerte, forma o condiciones de contacto sexual, sino que ha impuesto como límite o condición el uso de protección mediante preservativo. Por tanto, si la persona que según ese acuerdo ha de llevar profiláctico durante la relación prescinde del mismo subrepticiamente, en todo o parte del acto sexual, está desoyendo una condición impuesta por la pareja como complemento - esencial y no meramente accesorio o secundario - de su consentimiento, es decir, está manteniendo una relación no consentida que, así, atenta contra la libertad sexual y ha de ser sancionada[98]".*

---

[96] FISCALÍA GENERAL DEL ESTADO. Circular 1/2023. "Sobre criterios de actuación del Ministerio Fiscal tras la reforma de los delitos contra la libertad sexual operada por la Ley Orgánica 10/2022, de 6 de septiembre". 29 de marzo de 2023. Referencia: FIS-C-2023-00001.

[97] HIGH COURT OF JUSTICE. UK. Assange v Swedish Prosecution Authority. 2011. EWHC 2849.

[98] STSJ AND 186/2021. Sección cuarta. MP. Rafael García Laraña. 01 de julio de 2021. ECLI:ES:TSJAND:2021:12396.

De esta manera, cualquier variación en la injerencia de la relación sexual implica el inicio de un acto sexual distinto respecto del cual no se ha dado el consentimiento, lo cual abarca los casos de "Stealthing". Esto difiere a la teoría planteada por COCA VILA, pues acá no se trata de entender que hubo un consentimiento otorgado viciadamente como producto de un engaño, sino que implica considerar que dicho consentimiento nunca fue otorgado.

Ahora bien, vale resaltar que, el reproche penal que se hace al "Stealthing" bajo esta óptica no radica en la funciones anticonceptivas que tiene el condón, sino en su capacidad de protección física. Es decir, basta con entender que los actos sexuales no son penalmente censurados por sus implicaciones reproductivas, pues no tienen que generar un resultado concreto, por ejemplo, causar un embarazo, para ser merecedores de reproche penal[99], pues como quedó establecido en oportunidades anteriores, la base de la protección del bien jurídico de la libertad sexual se centra en el consentimiento. En consecuencia, el retiro del condón genera que la persona, la cual si deseaba la relación sexual pero en unas condiciones determinadas, se encuentre en un evento desconocido, totalmente diferente al inicialmente autorizado, lo que por sí solo es reprochable penalmente, con independencia de los riesgos reproductivos o de salud que adicionalmente dicha conducta pueda generar.

Finalmente, cabe precisar que, aunque los casos de "Stealthing inverso" si pueden ser considerados un acto sexual distinto al inicialmente consentido, el profesor CASTELLVÍ MOSERRAT, en el mismo sentido que COCA VILA, considera que dicha conducta carece de lesividad, pues, contrario a poner en peligro los bienes jurídicos de una persona, los protege[100], razón por la que no se hace necesaria de intervención penal.

En resumen, las teorías mencionadas justifican, aunque de manera diversa, que el "Stealthing" implica un acto sexual realizado sin consentimiento. Esto se debe a que dicho consentimiento fue otorgado de manera viciada o nunca existió, afectando así la libertad sexual de la persona involucrada, lo que lo hace merecedor de un reproche penal. Esto es especialmente relevante en jurisdicciones donde el consentimiento es considerado como la base fundamental del bien jurídico de la libertad sexual, ya que la falta de dicho elemento basta para configurar la afectación al bien jurídico.

No obstante, de las dos teorías mencionadas se desprende una cuestión que requiere análisis: ¿Es el "Stealthing" una violación? Es decir, ¿para su relevancia jurídica es necesario que se realice la penetración luego de realizar el retiro del preservativo? La respuesta no es pacífica, pues partiendo de dichas teorías, podría pensarse que el "Stealthing" si supone una violación, definida como aquella conducta que consiste en un acceso carnal sin voluntad o consentimiento[101]. Sin embargo, esto genera la

---

[99] CASLTELLVÍ MONSERRAT, Carlos. *Op. cit.* Pág. 196.
[100] Ibidem. Pág. 202.
[101] REAL ACADEMIA ESPAÑOLA. *Diccionario de la lengua española.* 23.ª edición. versión 23.7 en línea. 2023. [Consulta: 09 de enero de 2024]. https://www.rae.es/drae2001/violar

pregunta de si es igual de reprochable acceder a una persona que no deseaba el acto sexual en absoluto a aquella que sí lo deseaba e incluso lo autorizó, pero únicamente con el uso de preservativo.

3.3. ¿El "Stealthing" constituye una violación?

Para abordar la cuestión planteada, es fundamental reconocer que la discusión sobre el desvalor de distintas conductas que afectan el mismo bien jurídico ya ha sido objeto de estudio anteriormente. Un ejemplo reciente es el debate sobre si las agresiones sexuales en línea dirigidas a menores de edad y las agresiones presenciales o físicas tienen el mismo desvalor, lo cual es crucial para determinar cómo deben ser sancionadas las primeras.

En el marco de este ejemplo, autores como TARAMIT SUMALLA, han concluido que hay indicio suficiente para considerar que las agresiones en línea en contra de menores merecen un desvalor menor que las presenciales, pues hay estudios empíricos que constata que *"la repetición de los contactos o la existencia de penetración son factores que determinan una mayor gravedad de los efectos psíquicos en las víctimas de abuso, lo cual apunta hacia la necesidad de presumir la menor nocividad de la mera interacción virtual[102]".*En consecuencia, aunque las agresiones sexuales en línea merecen reproche legal, la sanción debe ser proporcional al desvalor que suponen y a sus efectos nocivos, los cuales no necesariamente son iguales ni encajan, por ejemplo, dentro de las normas penales destinadas a proteger las agresiones sexuales presenciales.

La misma lógica del planteamiento anterior se desprende del análisis de la conducta de "Stealthing" ya que, por ejemplo, el estudio realizado por la autora BRODSKY en el año 2017 para Columbia Journal of center of Gender of Law indicó que las mujeres entrevistadas, las cuales habían sido víctimas de la conducta[103], no entendían que el retiro del condón sin consentimiento fuera equivalente a una violación, a pesar de que varias de ellas también habían sido accedidas carnalmente sin su consentimiento al menos en una oportunidad[104]. En consecuencia, aunque consideran que el "Stealthing" es una agresión de naturaleza similar al acceso carnal, no entienden que sea lo mismo, resaltando que las mayores sensaciones experimentadas en estas oportunidades habían sido el temor por el riesgo de embarazo o de contraer infecciones de transmisión sexual, y el sentimiento de vulneración a la confianza depositada en la otra persona[105]. Por lo tanto, la misma autora resalta las dificultades que supone entender el "Stealthing" como un acto sexual de carácter "grave"[106],

---

[102] TAMARIT SUMALLA, José M. "¿Son abuso sexual las interacciones sexuales en línea? Peculiaridades de la victimización sexual de menores a través de las TIC". *Revista de Internet, derecho y política.* ISSN-e 1699-8154. No. 26. 2018. Pág. 37.

[103] Lo que ella denomina como "Violación adyacente".

[104] BRODSKY, Alexandra. *Op. cit.* Págs. 185-188.

[105] Ídem.

[106] Ibidem. Pág. 198.

como se considera, por ejemplo, que es la violación[107].

Contrario a lo anterior, el Informe de la Propuesta de Directiva del Parlamento Europeo y del Consejo de la Unión Europea(UE) sobre la Lucha contra la Violencia contra las Mujeres y la Violencia Doméstica, el cual es uno de los primeros documentos de carácter supranacional en referirse al "Stealthing", indica que *"la práctica conocida como «stealthing» implica dejar de utilizar de forma intencionada y secreta un método profiláctico o anticonceptivo durante la penetración. Debido a que dicha práctica cambia las circunstancias en las que se concedió el consentimiento, podría considerarse violación o agresión sexual[108]"[109]*. Más allá de las críticas que merece la definición planteada por el hecho de equiparar el no uso de métodos anti-conceptivos generales con los casos de "Stealthing", lo cual no es adecuado de conformidad con los postulados expuestos en el apartado anterior[110]; en lo que respecta al ámbito sexual, lo equipara a una violación. Sin embargo, incluso los autores previamente citados distan de esta posición.

COCA VILA reconoce que, aunque el "Stealthing" sea una agresión sexual no consentida por implicar un vicio del consentimiento en la injerencia de la relación sexual, el cual supone un acceso carnal, ello no significa que la conducta tenga el mismo desvalor, por lo que sugiere tratarlo de manera diferente a la violación[111].

Por su parte, el profesor CASTELLVÍ MONSERRAT sostiene que es claro que el "Stealthing" supone un acceso carnal. No obstante señala la problemática que se desprende de tratarlo como una violación, la cual está relacionada con el desvalor

---

[107] Como por ejemplo lo entiende la SAP SE1459/2020, la cual indica que el acceso carnal es un *"hecho de gravedad que no se puede banalizar y al que el legislador anudó consecuencias ajustadas a su alta reprochabilidad"*.

[108] UE. Parlamento Europeo y Consejo de la Unión Europea. "Informe de la propuesta de Directiva del Parlamento Europeo y del Consejo sobre la Lucha contra la Violencia contra las Mujeres y la Violencia Doméstica". 06 de julio de 2023. Pág. 17. [Consulta: 01 de mayo de 2024]. https://www.europarl.europa.eu/doceo/document/A-9-2023-0234_ES.html#_section1

[109] Cabe destacar que en la Resolución legislativa del Parlamento Europeo de 24 de abril de 2024, sobre la propuesta de Directiva del Parlamento Europeo y del Consejo sobre la lucha contra la violencia contra las mujeres y la violencia doméstica, no se realizó ninguna referencia explícita al "Stealthing", aunque si se destaca el papel del consentimiento en el ámbito de los delitos sexuales.

[110] Recordemos que, según CASTELLVÍ MOSERRAT, Carlos. *Op. cit.* Pág. 196 y ss., los actos sexuales no son penalmente censurados por sus implicaciones reproductivas, pues no tienen que generar un resultado concreto, por ejemplo, causar un embarazo, para ser merecedores de reproche penal. Por ejemplo, si una persona que debía tomar pastillas anticonceptivas miente al respecto con la finalidad de tener relaciones sexuales sin preservativo, el acto sexual en sí sigue siendo el mismo que fue autorizado, es decir, una penetración vaginal sin el uso del condón. Esto no da lugar a un reproche penal desde la perspectiva de la libertad sexual, ya que lo determinante en los actos sexuales es el contacto corporal que implican. Sin embargo, el «Stealthing» sí debe ser sancionado, ya que no es lo mismo el contacto con un profiláctico que con la piel del pene o la membrana mucosa de la otra persona.

[111] COCA VILA, Ivo. *Op. cit.* Pág. 308.

que merecen otras agresiones sexuales de similar entidad, pero que pueden ser sancionadas de manera diferente. Un ejemplo de ello es la eyaculación dentro de una persona sin su consentimiento, lo cual debe reprocharse como una agresión sexual no consentida, pero no como un acceso carnal, a pesar de que la conducta solo puede ejecutarse mediante la penetración[112]. Es decir, lo que se sanciona es el acto sexual (eyacular) realizado sin permiso del otro, pero no el hecho de penetrar, ya que esto sí había sido autorizado[113]. Sin embargo, no puede considerarse menos lesivo el hecho de eyacular que el de solamente penetrar[114], ya que debido a los riesgos potenciales para la salud reproductiva asociados con la eyaculación, esta acción podría considerarse aún más reprobable.

Otro ejemplo que refuerza lo anterior es la diferencia en las penas contempladas para el antiguo delito de estupro en el caso español. Este delito sancionaba los abusos sexuales cometidos mediante engaño en menores entre 13 y 16 años con una pena mínima de dos años en los casos en que mediara penetración[115]. Esta penalización era sustancialmente diferente a la contemplada para los demás casos de acceso carnal, donde las penas partían de los seis años de prisión[116].

Bajo la perspectiva expuesta es que autores como PASCUAL cimientan su teoría[117], ya que para él no es lo mismo realizar una penetración no consentida en lo absoluto que una dentro de una relación sexual consentida y deseada, pero sin el uso del preservativo pactado[118]. Para el autor citado, el desvalor del "Stealthing" es diferente al de los casos tradicionales de violación, pues en estos eventos no hubo una penetración no autorizada, sino que dicho acto se realizó previo consenso entre las partes, aunque de una forma distinta a la prevista. Por lo tanto, considera que lo debe desvalorarse es el acto de quitarse el condón, sin que ello implique que la penetración

---

[112] CASTELLVÍ MOSERRAT, Carlos. *Op. cit.* Pág. 205.

[113] Al respecto CASTELLVÍ MOSERRAT, Carlos. *Op. cit.* Pág. 205. "*la eyaculación implica un contacto físico distinto a la penetración que la precede y, por ello, lo uno y lo otro deben considerarse actos sexuales distintos. En consecuencia, cuando la eyaculación sin consentimiento se produzca en el marco de una penetración consentida, no deberá apreciarse un solo acto sexual no consentido (una penetración con eyaculación), sino dos diferentes: uno consentido (la penetración) y otro no consentido (la eyaculación)*".

[114] Ídem.

[115] Como se dijo, el artículo 183 del Código Penal español de 1995 consagraba: "*1. El que, interviniendo engaño, cometiere abuso sexual con persona mayor de trece años y menor de dieciséis, será castigado con la pena de prisión de uno a dos años, o multa de doce a veinticuatro meses. 2. Cuando el abuso consista en acceso carnal por vía vaginal, anal o bucal, o introducción de objetos por alguna de las dos primeras vías, la pena será de prisión de dos a seis años. La pena se impondrá en su mitad superior si concurriera la circunstancia 3 o la 4 de las previstas en el artículo 180.1 de este Código*".

[116] El artículo 179 original del Código Penal español establecía: "*Cuando la agresión sexual consista en acceso carnal, introducción de objetos o penetración bucal o anal, la pena será de prisión de seis a doce años*".

[117] Denominada "La discusión del objeto del consentimiento".

[118] PASCUAL, Gili. *Op. cit.* Pág. 116.

realizada también deba ser objeto de reproche[119].

Así las cosas, al igual que ocurre con la eyaculación no consentida, cuyo desvalor no se analiza desde el momento en que tiene lugar la penetración inicialmente autorizada por la víctima, no puede reprocharse el "Stealthing" a la luz del acceso carnal que supone, ya que este si fue consentido. Lo que deberá sancionarse es el acto de retirarse el condón sin autorización, lo cual, aunque constituiría una agresión sexual sin consentimiento, no podría ser tomado como una violación.

A la luz de dichos postulados es posible sostener que constituye una situación totalmente diferente aquella en virtud de la cual una persona consiente la penetración en un órgano determinado y sufre otra sin su autorización, como en el ejemplo tantas veces citado de consentir un coito vaginal y no anal. En estos eventos, no se está valorando un acceso carnal previamente aceptado dentro del cual se realizó un acto no permitido – como sucede en el "Stealthing" –, sino que, de manera clara, el acto realizado nunca fue consentido. Esta es la principal crítica a las teorías propuestas por COCA VILA y CASTELLVI MOSETRRAT, ya que en ambos casos se equipara el "Stealthing" a estos supuestos[120], a pesar de que los propios autores reconocen la problemática que se deriva de dicha equiparación, reconociendo la necesidad de asignar una pena menor y más proporcionada a los casos de "Stealthing"[121].

No obstante lo anterior, aunque la propuesta de PASCUAL plantea un punto interesante, lo cierto es que, como lo indica CASTELLVÍ MOSERRAT, el acto de retiro del condón valorado aisladamente no supone como tal un atentado contra la libertad sexual, es decir, la relevancia jurídica del "Stealthing" está atada a que la persona que se retira el preservativo, sin informarle al otro sujeto, lo penetre. Por consiguiente, son dos hechos que están atados y no pueden valorarse separadamente[122].

De todas maneras, vale rescatar de los postulados de PASCUAL el hecho de que el

---

[119] Ídem.

[120] CASTELLVÍ MOSERRAT, Carlos. *Op. cit.* Pág. 206 lo dice de la siguiente manera: *"Por el contrario, el «no uso del preservativo» delimita el contacto corporal que implica el (único) acto sexual que sufre la víctima en el stealthing: la penetración vaginal (sin preservativo). Y, obviamente, dicho acto sexual realizado «sin su consentimiento» (art. 178.1 CP) consiste en un «acceso carnal» (art. 179.1 CP). Es decir, que dicha agresión sexual constituye una violación."*.

[121] CASTELLVÍ MOSERRAT, Carlos. *Op. cit.* Pág. 206 : *"En todo caso, debe reconocerse que calificar el stealthing como un delito de violación supone asignarle una pena muy elevada (de cuatro a doce años de prisión)"*.

[122] Al respecto, CASTELLVÍ MONSERRAT, Carlos. *Op. cit.* Pág. 206: *"no es posible desvincular el acto sexual que atenta «contra la libertad sexual de otra persona sin su consentimiento» (art. 178 CP) del «acceso carnal» (art. 179.1 CP). Y no lo es porque, al contrario de lo que ocurre con los ejemplos anteriores (dar un beso o eyacular), quitarse el preservativo no constituye un acto sexual distinto a la penetración. En este sentido, quitarse el preservativo delimita el contacto físico que implica la penetración (que pasa a ser un contacto directo entre membranas mucosas en vez de uno mediado por el profiláctico), pero en ningún caso constituye por sí mismo un acto sexual que atenta «contra la libertad sexual de otra persona sin su consentimiento» (art. 178 CP)"*.

consentimiento determina la necesidad de sanción de la conducta[123], pero no la forma en que debe tipificarse, lo cual depende del desvalor que la misma represente[124]. Por lo tanto, el "Stealthing" aunque sí constituye una agresión sexual, deberá ser sancionada de manera distinta a una violación tradicional[125], en la que no media consentimiento alguno, y a aquellas en las que la penetración se da en un órgano del cuerpo distinto al inicialmente consentido, pues este fenómeno parte de la base de un coito consensuado y supone un acceso carnal en el órgano autorizado y con la parte del cuerpo pactada.

Ahora bien, del entendimiento del "Stealthing" como un acto sexual no consentido, y especialmente del desvalor que el mismo merece, se desprende otra cuestión que no es de menor importancia, la cual está relacionada con qué sucede cuando como consecuencia de la conducta se producen resultados lesivos adicionales como la generación de un embarazo no deseado o el contagio de enfermedades o infecciones de transmisión sexual. Dichas situaciones serán abordadas en el siguiente capítulo.

---

[123] En los ordenamientos jurídicos donde el consentimiento es entendido como el elemento fundamental de la libertad sexual y, en consecuencia, es un elemento normativo del tipo.

[124] PASCUAL, Gili. *Op. cit.* Pág. 123.

[125] Entendiendo que violación tradicional hace referencia a los casos de acceso carnal que comúnmente son sancionados a través de los tipos penales establecidos para sancionar los accesos carnales sin consentimiento. Especialmente se refiere a aquellos eventos en donde se accede carnalmente a una persona sin que nunca haya habido consentimiento para realizar ni siquiera una penetración en ninguna parte del cuerpo.

CAPÍTULO II
"STEALTHING" ¿UNA CONDUCTA PLURIOFENSIVA?

En el apartado anterior se estableció que la práctica del «Stealthing» constituye una vulneración del bien jurídico de la libertad sexual, lo que lo hace susceptible protección legal, siempre que el consentimiento sea considerado el elemento fundamental del mencionado bien jurídico. Esto es independiente de que teoría se adopte y de si con la conducta se concreta un resultado lesivo específico o no, es decir, sin importar si de la misma resulta un embarazo no deseado o en el contagio de Infecciones de Transmisión Sexual – ITS[126] o Enfermedades de Transmisión Sexual – ETS[127]. Sin embargo, surge la cuestión de si, en los eventos en que estos resultados se produzcan, se pueden entender afectados bienes jurídicos distintos de la libertad sexual. Por esta razón, a continuación procederemos a analizar, en primer lugar, el atentado contra la salud reproductiva y posteriormente la afectación que el "Stealthing" podría representar para la integridad personal.

1. El atentado a la salud reproductiva

1.1. La salud reproductiva como bien jurídico protegido

A pesar de que en la Conferencia Internacional de Derechos Humanos realizada por Naciones Unidas en Teherán en 1968 ya se había realizado mención a libertad de decidir sobre cuántos hijos tener y cuándo[128], fue la Convención sobre la Eliminación de todas las formas de Discriminación contra la Mujer, celebrada en 1979 también en el marco de Naciones Unidas, la que por primera vez reconoce el derecho a la mujeres a acceder a la planificación familiar, indicando que los Estados deberán adoptar las medidas para reconocer el derecho a *"decidir libre y responsablemente el número de sus hijos y el intervalo entre los nacimientos"[129]*.

No obstante, es la Conferencia Internacional sobre Población y Desarrollo de Naciones Unidas celebrada en El Cairo en 1994 la que representa un hito en el reconocimiento de los derechos reproductivos como derechos humanos, pues por primera vez estableció claramente su naturaleza, resaltando la necesidad de su especial protección y considerándolos como derechos que no solamente suponen un bienestar físico, sino también emocional y social[130] [131].

---

[126] En adelante ITS.
[127] En adelante ETS.
[128] INSTITUTO INTERAMERICANO DE DERECHOS HUMANOS. "Los derechos reproductivos son derechos humanos / Instituto Interamericano de Derechos Humanos". San José, Costa Rica. *IIDH*, ISBN 978-9968-917-77-3. 2008. Pág. 24.
[129] ONU. Asamblea General. "Convención sobre la Eliminación de todas las Formas de Discriminación contra la Mujer". Nueva York. Estados Unidos. 18 Diciembre 1979. [Consulta: 1 de mayo de 2024]. https://www.refworld.org.es/docid/5d7fbcf1a.html
[130] PILLALAZA LINCANGO, Denise y GRACIA HINCAPIÉ, Luz. *Op. cit*. Pág. 135.

En este sentido, el artículo 7.2 del Programa de Acción de la Conferencia estableció: *"La salud reproductiva es un estado general de bienestar físico, mental y social, y no de mera ausencia de enfermedades o dolencias, en todos los aspectos relacionados con el sistema reproductivo y sus funciones y procesos. En consecuencia, la salud reproductiva entraña la capacidad de disfrutar de una vida sexual satisfactoria y sin riesgos y de procrear, y la libertad para decidir hacerlo o no hacerlo, cuándo y con qué frecuencia[132]"*.

Seguidamente, en el artículo 7.3 del mismo documento se indicó que los derechos reproductivos abarcan ciertos aspectos esenciales, a saber: i). El derecho a decidir libre y razonadamente el número de hijos que se desea tener y cuándo tenerlos, lo que a su vez implica tener acceso a información y medios para ello, ii). El derecho a acceder al nivel más alto de salud sexual y reproductiva y ii). El derecho a tomar decisiones relacionadas con la reproducción sin sufrir ningún tipo de discriminación por dicha razón[133] [134].

Posteriormente, en el informe de la Cuarta Conferencia Mundial de las Naciones Unidas sobre la Mujer, celebrada en Beijing en 1995, se confirmó el reconocimiento de los derechos reproductivos como aquellos que: *"se basan en el reconocimiento del derecho básico de todas las parejas e individuos a decidir libre y responsablemente el número de hijos, el espaciamiento de los nacimientos y el intervalo entre éstos y a disponer de la información y de los medios para ello y el derecho a alcanzar el nivel más elevado de salud sexual y reproductiva. También incluye su derecho a adoptar decisiones relativas a la reproducción sin sufrir discriminación, coacciones ni violencia, de conformidad con lo establecido en los documentos de derechos humanos[135]"*.

---

[131] Al respecto, el sitio web de la ONU en ONU. "Cumbre de Nairobi (CIPD +25), 12 a 14 de noviembre de 2019, Nairobi, Kenya". [Consulta: 02 de junio de 2024] https://www.un.org/es/conferences/population/nairobi2019 indica: *"En la histórica Conferencia Internacional sobre la Población y el Desarrollo (CIPD) de 1994, representantes de 179 países se reunieron en El Cairo y adoptaron el Programa de Acción de la CIPD, que reconoció la salud reproductiva y el empoderamiento de la mujer y la igualdad de género como pilares del desarrollo sostenible"*.

[132] ONU. Fondo de Población (UNFPA). "Programa de acción. aprobado en la Conferencia Internacional sobre la Población y el Desarrollo". El Cairo. 5 a 13 de septiembre de 1994. Artículo 7.2. Pág. 65. [Consulta: 19 de abril de 2024]. https://www.un.org/en/development/desa/population/publications/ICPD_programme_of_action_es.pdf

[133] Ibidem. Pág. 66.

[134] Posteriormente a esta Conferencia, en 1999 y 2014, la Asamblea General de las Naciones Unidas convocó dos sesiones extraordinarias para revisar y evaluar la implementación del Programa de Acción establecido en la conferencia de 1994. Durante estas reuniones, los líderes mundiales se centraron en analizar los progresos y los desafíos en la ejecución de las estrategias relacionadas con población y desarrollo.

[135] ONU. Asamblea general. "Informe de la Cuarta Conferencia Mundial sobre la Mujer". Beijing. Del 4 al 15 de septiembre de 1995. [Consulta: 06 de mayo de 2024]. https://www.un.org/womenwatch/daw/beijing/pdf/Beijing%20full%20report%20S.pdf

A nivel de la Unión Europea (UE) vale destacar la Resolución 2001/2128 sobre salud sexual y reproductiva, la cual en su considerando A, establece que: *"las mujeres y los hombres deberían disfrutar de total libertad para elegir, con conocimiento de causa y responsabilidad, su propia opción respecto a su salud y sus derechos sexuales y reproductivos, sin perder de vista la salud de los demás, y disponer de todos los medios y posibilidades para ello[136]"*.

En el marco americano no hay un documento específico relativo a salud reproductiva, aunque si se encuentran diferentes instrumentos de los que se desprende su protección[137]. Al respecto, vale destacar la creación por parte la Comisión Interamericana de Derechos Humanos[138] (CIDH) de la Relatoría especial sobre Derechos de la Mujer en 1994 con la finalidad de brindar atención a derechos como la salud, incluida la reproductiva[139]. Dicha Relatoría desde su primer informe de 1997 reconoció los derechos reproductivos como tal y puso de presente la problemática que representaban los partos y embarazos en la mortalidad materna[140]. Desde entonces cada vez son más los esfuerzos por la CIDH para lograr avance en la protección de dichos derechos, por lo que recurrentemente hace llamados a los Estados en este sentido[141].

Con todo, los derechos reproductivos cada vez han tomado más importancia, por lo que la gestión de las naciones por garantizarlos y protegerlos son mayores con el paso de los años. Por ejemplo, en Colombia el artículo 211 del Código Penal[142] agrava las penas de delitos sexuales cuando como resultado de la comisión de los mismos se produjere un embarazo o el contagio de infecciones o enfermedades de transmisión sexual. Asimismo, en España se sanciona en el artículo 161 del Código

---

[136] UE. Parlamento europeo. "Resolución (2001/2128(INI)) sobre salud sexual y reproductiva y los derechos en esta materia". P5_TA(2002)0359. 03 de julio de 2002. [Consulta: 01 de mayo de 2024]. https://www.europarl.europa.eu/doceo/document/TA-5-2002-0359_ES.pdf

[137] Dentro de los que vale destacar: la Convención Americana sobre Derechos Humanos; el Protocolo Adicional a la Convención Americana sobre Derechos Humanos en Materia de Derechos Económicos, Sociales y Culturales (Protocolo de San Salvador); la Convención Interamericana para Prevenir, Sancionar y Erradicar la Violencia contra la Mujer (Convención de Belém do Pará), y la Convención Interamericana para Prevenir y Sancionar la Tortura (CIPST).

[138] En adelante CIDH.

[139] DIANE RECINOS, Julie. *Los derechos sexuales y reproductivos*. Comisión Nacional de los Derechos Humanos. México. 2013. Pág. 16. [Consulta: 02 de junio de 2024] https://www.corteidh.or.cr/tablas/33923.pdf

[140] Ídem.

[141] La Oficina de Prensa de la CIDH publicó el 31 de enero de 2023 un artículo en donde informó que dicha Comisión está comprometida por la protección de los derechos sexuales y reproductivos, por lo que realizó un llamado a los Estados para avanzar en el reconocimiento de los derechos reproductivos en la región. CIDH. "CIDH llama a avanzar en el reconocimiento y protección de los derechos reproductivos en la región". 31 de enero de 2023. [Consulta: 2 de junio de 2024] https://www.oas.org/es/CIDH/jsForm/?File=/es/cidh/prensa/comunicados/2023/011.asp

[142] Ley 599 del 2000. D.O. No. 44.097 de 24 de julio de 2000. Artículo 211.

Penal[143] a quien practique reproducción asistida a una mujer sin su consentimiento. Estos avances se complementan con medidas relativas a la interrupción voluntaria del embarazo así como con la adopción de campañas y programas relacionados con salud sexual y reproductiva, reflejando así la relevancia de la protección a los derechos reproductivos y, en particular, la facultad de cada individuo a tomar decisiones autónomas en este ámbito

1.2. La libertad sexual y la salud reproductiva como bienes jurídicos independientes

Como se estableció en el apartado destinado a explicar porque el "Stealthing" constituye un atentado contra la libertad sexual, no toda afectación a dicho bien jurídico implica una vulneración a la salud reproductiva, ni viceversa; aunque puede haber situaciones en las que el ataque afecte simultáneamente a ambos derechos[144]. No obstante, la salud reproductiva como la libertad sexual son bienes jurídicos distintos.

Para la Organización Mundial de la Salud[145] (OMS), la salud sexual implica no solo un bienestar físico y mental en relación con la sexualidad, sino la posibilidad de tener experiencias sexuales libres y seguras de violencia, coacción y discriminación[146]. Este enfoque integral busca garantizar una buena salud sexual, incluyendo aspectos más amplios de la sexualidad humana como la orientación sexual, la identidad de género, el placer sexual y la prevención de enfermedades de transmisión sexual[147].

De esta manera, es factible entender la libertad sexual es una derivación del derecho a la salud sexual, la cual engloba una gama más amplia de derechos y decisiones relacionadas con la sexualidad que no se limitan únicamente a la reproducción, tales como decidir cómo, cuándo, con quien y de qué manera sostener relaciones sexuales[148]. Es decir, es el derecho que aborda la autonomía individual de tomar decisiones sobre la sexualidad.

Por otro lado, la salud reproductiva se centra específicamente en temas relacionados con la reproducción, lo que incluye la planificación familiar, el embarazo, el parto seguro y la salud materna[149] y, del mismo modo en que sucede con la salud y libertad

---

[143] LO 10 de 1995. BOE núm. 281, de 24 de noviembre de 1995. Artículo 161.
[144] CASLTELLVÍ MONSERRAT, Carlos. *Op. cit.* Pág. 195.
[145] En adelante OMS.
[146] OMS. "La salud sexual y su relación con la salud reproductiva". ISBN 978-92-4-351288-4. 2018. Pág. 3. [Consulta: 19 de abril de 2024].
https://iris.who.int/bitstream/handle/10665/274656/9789243512884-spa.pdf?sequence=1
[147] ONU. Fondo de Población (UNFPA). *Op. cit.* Pág. 65.
[148] CAMPOS ÁLVARES, Patricia. "Análisis del bien jurídico protegido en el delito de abuso sexual." Actividad formativa equivalente a tesis. Universidad de Chile. 2019. Pág. 8.
[149] LO 1 de 2023. BOE núm. 51, de 01 de marzo de 2023. "Por la que se modifica la Ley Orgánica 2/2010, de 3 de marzo, de salud sexual y reproductiva y de la interrupción voluntaria del embarazo".

sexual, la libertad reproductiva, que consistente en la facultad de decidir sobre cuándo, cómo y de qué manera reproducirse, se deriva de dicho derecho.

La diferencia entre ambos conceptos se ilustra mejor con ejemplos concretos: en los casos de tocamientos sexuales sin penetración, aunque se podría constituir una vulneración a la libertad sexual, no se afectaría la salud reproductiva. Del mismo modo, la inseminación artificial no consentida de una mujer sí afecta su libertad reproductiva, pero no atenta contra su libertad sexual[150].

No obstante lo anterior, para la OMS estos derechos suelen estar estrechamente relacionados en la mayoría de ocasiones[151]. Un ejemplo de dicha relación se evidencia cuando ocurre el contagio de una ITS o ETS, ya que estas, a pesar de que son contraídas en el marco de la sexualidad, generan efectos negativos en la facultad de reproducción[152].

De la misma manera, aunque libertad sexual y reproductiva no son iguales, si comparten características similares, especialmente porque el consentimiento es un elemento esencial de los mismos, ya que implican la decisión libre y voluntaria del individuo[153]. Por consiguiente, siempre que no medie consentimiento válido relacionado con la facultad de reproducción o respecto a ámbitos de la sexualidad del individuo, se podrá predicar un atentado contra dichos bienes jurídicos.

1.3. El "Stealthing" como una amenaza a la salud reproductiva

No resulta fácil explicar de qué modo el "Stealthing" puede generar una amenaza a la salud reproductiva y poco son los pronunciamientos claros al respecto por parte de la doctrina. No obstante, a continuación daré a conocer la razón por la que el retiro del condón sin consentimiento de la otra persona involucrada en la relación sexual si constituirá una afectación contra dicho bien jurídico y en qué condiciones.

El profesor CASTELLVI MONSERRAT sostiene que, el «Stealthing» como un acto sexual que difiere del inicialmente consentido, debería ser sancionado como un atentado a la libertad sexual. Esto es independiente de si el condón se considera un método anticonceptivo. Como se explicó anteriormente, lo relevante en esta situación

---

[150] Algunos podrían argumentar que la inseminación artificial constituye una vulneración de la libertad sexual, ya que para llevar a cabo esta técnica, o cualquier otro método de reproducción asistida, es necesario introducir ciertos aparatos en la parte íntima de la mujer. Sin embargo, consideremos el caso específico de una mujer que acude al ginecólogo y consiente la introducción de dichos aparatos para una revisión de rutina o un procedimiento determinado. Sin embargo, el ginecólogo la confunde con otra paciente y realiza una técnica de reproducción asistida en ella no deseaba. En este evento no se podría afirmar que hay una afectación a la libertad sexual de la paciente, ya que ella había consentido la introducción de los instrumentos en su órgano reproductor. En este caso, si se constituye una vulneración, pero a su libertad reproductiva.

[151] OMS. *Op. cit.* Pág. 3.

[152] Ídem.

[153] CHANG KCOMT, Romy A. *Op. cit.* Pág. 490.

es que la persona consintió un contacto corporal con preservativo y no sin él. Dado que el contacto corporal es un elemento esencial de los actos sexuales, cualquier alteración en el mismo, siempre que no medie consentimiento, constituiría un atentado contra la libertad sexual del individuo[154].

De esta manera, para él, son totalmente diferentes aquellas situaciones en los que la persona consiente tener relaciones sexuales con otra que, por ejemplo, ha afirmado tomar pastillas anticonceptivas o tener la vasectomía sin que ello sea cierto, pues, en últimas, el contacto corporal que se materializa en la relación sexual es el mismo al consentido, por ejemplo, penetración vaginal sin condón[155]. No obstante, aunque estos eventos no podrían considerarse como una agresión sexual, si comportan un riesgo a la salud y libertad reproductiva[156].

Por su parte, la teoría de COCA VILA entiende que el "Stealthing" constituye un atentado contra la libertad sexual por presentarse como un engaño suficiente para viciar el consentimiento, es decir, porque recae sobre un elemento esencial de los actos sexuales[157]. Sin embargo, el autor no consideró como fundamental la información relativa a métodos anticonceptivos o de planificación a la hora de consentir un acto sexual determinado. Por lo tanto, se podría entender que las fallas o engaños en dicho ámbito no son suficientes para ser tenidas como un atentado contra la libertad sexual, pues no hacen parte de lo considerado esencial por el autor a la hora de consentir en materia sexual, sin que ello obste para que no se tengan como una vulneración en contra la salud reproductiva[158].

En este sentido, el "Stealthing" representa un atentado contra la libertad sexual con independencia al carácter de anticonceptivo que el condón representa, mientras que,

---

[154] CASTELLVI MONSERRAT. *Op. cit.* Pág. 197.

[155] Al respecto, CASTELLVÍ MOSERRAT, Carlos. *Op. cit.* Pág 195: *En cambio, la definición de los actos sexuales no deberá incorporar sus riesgos para la libertad reproductiva. Al fin y al cabo, dichos riesgos no son un elemento consustancial a las agresiones sexuales. En este sentido, ni todos los atentados contra la libertad reproductiva presuponen una agresión sexual (el art. 161.1 CP es una buena muestra de ello), ni todas las agresiones sexuales presuponen un atentado contra la libertad reproductiva (por ejemplo, las agresiones sexuales que consisten en tocamientos sorpresivos o en una penetración anal)* y posteriormente en la pág. 196: *"Lo anterior explica por qué una penetración vaginal con alguien que toma anticonceptivos orales no es un acto sexual distinto a una penetración vaginal con alguien que no toma dichos anticonceptivos: aunque los riesgos reproductivos de una y otra penetración no tienen nada que ver, el contacto físico que implican es exactamente el mismo. Teniendo en cuenta que los actos sexuales no se definen por sus riesgos reproductivos (sino, únicamente, por el contacto corporal que implican), lo uno y lo otro serán, en realidad, el mismo acto sexual".*

[156] Ibidem. Págs. 195-198.

[157] COCA VILA. *Op. cit.* Págs. 303-306.

[158] Aunque debe recordarse que una de las principales críticas a esta teoría es que no explica adecuadamente por qué solo los tres elementos expuestos por el autor son considerados relevantes a la hora de consentir sexualmente, dejando de lado otras situaciones como la descrita, es decir, como los eventos de engaños relacionados con el uso de métodos anticonceptivos.

en los casos de salud reproductiva, es precisamente por dicha calidad y la de prevenir el contagio de ITS y ETS, que la afectación se puede considerar constituida.

En este punto es importante destacar que existen distintas investigaciones[159]que acreditan la presencia de espermatozoides en el líquido preseminal, lo que supone una posibilidad de gestación aun cuando no haya eyaculación, recordando que solamente se requiere un espermatozoide en adecuadas condiciones que logre llegar a fecundar para la consecución de un embarazo[160]. En consecuencia, a priori, podría pensarse que bastaría la penetración sin el uso del preservativo para que el riesgo a la salud reproductiva se entienda materializado.

Lo anterior además se justificaría partiendo de un análisis básico del artículo 161 del Código Penal español, donde la sanción penal tiene lugar por el simple hecho de practicar técnicas de reproducción asistidas en una mujer sin su consentimiento, pero con independencia de que la gestación efectivamente tenga lugar[161].

No obstante, también existen varias investigaciones que acreditan la ausencia de espermatozoides en el líquido preseminal[162], por lo que dicha situación es altamente discutida. De ahí que no se pueda asegurar que la simple penetración genere un riesgo exponencial para la consecución de un embarazo[163]. Por tanto, no podría indicarse que basta con el retiro del condón para que el bien jurídico se considere afectado.

De la misma manera, de una revisión a profundidad el artículo 161 del Código Penal español, se evidencia que el mencionado precepto busca proteger intereses superiores que van más allá de la libertad de reproducción, como la necesidad del Estado de controlar las técnicas de reproducción asistida para proteger la intangibilidad humana. Es decir, el artículo busca propender porque dichos métodos sean utilizados solamente para la procreación en términos adecuados y en pro de que no se atente de ninguna

---

[159] Un ejemplo es el estudio realizado por KILLICK, Stephen R; LEARY, Christine; TRUSSELL, James; y GUTHRIE, Katherinne A. "Sperm content of pre-ejaculatory fluid." *Hum Fertil (Camb)*. Vol.14 No.1. 2011. Págs. 48–52.

[160] DE LA FUENTE BITANE, Laura; BARRANQUERO GÓMEZ, Marta; SALVADOR, Zaira. "¿Qué es la fecundación humana y cuáles son sus etapas?". Reproducción asistia.org. [Consulta: 20 de abril de 2024]. https://www.reproduccionasistida.org/como-se-produce-la-fecundacion/

[161] Teniendo en cuenta que las técnicas de reproducción asistida no son 100% eficaces, como se desprende del siguiente estudio: VIERA MOLINA, María y GUERRA MARTÍN, María D. "Análisis de la eficacia de las técnicas de reproducción asistida: una revisión sistemática". *An. Sist. Sanit. Navar*. ISSN 1137-6627. Vol. 41. No. 1. 2018. Págs. 107-116.

[162] Un ejemplo es el estudio realizado por VÁSQUEZ, Fernando; HERNÁNDEZ, Faruk; ESCOBAR, Andrés; VÁSQUEZ, Daniel; et al. "Presencia o ausencia de espermatozoides en el líquido preeyaculatorio". *Revista Internacional de Andrología*. Vol. 14. No. 3, 2016, Págs. 86-88.

[163] BOUTOT, Maegan. "Cómo sucede *realmente* el embarazo". Clue. Artículo publicado originalmente el 29 de junio de 2019. Traducido por Carolina Tafur. [Consulta: el 22 de abril de 2024]. https://helloclue.com/es/articulos/sexo/como-sucede-realmente-el-embarazo.

manera en contra de la irrepetibilidad del ser humano[164]. Por esta razón se justifica que no se requiera la concertación del resultado embarazo para que el acto sea reprochado. Sin embargo, en los demás casos en que se pretenda proteger dicha libertad de reproducción, se hace necesario que el resultado se materialice, pues de lo contrario se estaría adelantando la sanción penal a un mero riesgo, aunque latente, incierto, lo cual no es acorde al carácter de última ratio del Derecho Penal[165].

En consecuencia, más allá que el riesgo que el "Stealthing" puede representar para la libertad sexual, la afectación a la libertad reproductiva solamente se concretará en el momento en que la mujer queda en estado de embarazo sin desearlo, pues solo en ese instante su facultad de decisión sobre cuándo y con quien reproducirse se ve realmente afectada. Una cuestión diferente es la angustia o zozobra que la incertidumbre de una posible concepción pueda generar, tal y como le sucedió a las mujeres encuestadas por BRODSKY[166]. Dicha zozobra podría ya considerarse tutelada por el desvalor del atentado contra la libertad sexual, pues la persona se ve ante una serie de afectaciones que no hubiese tenido que soportar si su consentimiento en dicho ámbito – el sexual – hubiese sido respetado. En caso de que dichas incertidumbres generen alteraciones psicológicas o morales graves, la pena concreta asignada al perpetrador podrá ser mayor y, en todo caso, podrán alegarse en la fase civil destinada a indemnizar los daños y perjuicios derivados del delito[167].

De lo anterior se deriva la cuestión de si la afectación a la salud reproductiva también se constituye en los casos en que la relación sexual tiene lugar entre parejas del mismo sexo o cuando la víctima de la conducta es un hombre, ya sea porque la mujer sustrajo sigilosamente un condón femenino o, porque sin que el hombre se percatara, retiró el condón masculino que este llevaba puesto[168] [169]. Las presentes si-

---

[164] BARREIRO, Agustín J. "Los delitos relativos a la manipulación genética en sentido estricto". *Anuario de derecho penal y ciencias penales*. ISSN 0210-3001. Tomo 52. 1999. Pág. 115.

[165] Entendido el carácter de última ratio como esa cualidad que, según CARNEVALI RODRÍ-GUEZ, Raúl. "Derecho penal como «ultima ratio». Hacia una política criminal racional". *Revista de Derecho Penal*. ISSN 1576-9763. No.. 25. 2008. Pág. 11, implica que *"el Derecho penal debe ser el último instrumento al que la sociedad recurre para proteger determinados bienes jurídicos, siempre y cuando no haya otras formas de control menos lesivas «formales e informales». Si se logra la misma eficacia disuasiva a través de otros medios menos gravosos, la sociedad debe inhibirse de recurrir a su instrumento más intenso"*. *"En este mismo orden, son preferibles aquellas sanciones penales menos graves si se alcanza el mismo fin intimidatorio². Es decir, estamos frente a un principio que se construye sobre bases eminentemente utilitaristas: mayor bienestar con un menor costo social³. El Derecho penal deberá intervenir sólo cuando sea estrictamente necesario en términos de utilidad social general"*.

[166] BRODSKY, Alexandra. *Op. cit.* Pág. 185.

[167] Por ejemplo, en el trámite del incidente de reparación integral en Colombia regulado en el artículo 103 y siguientes del Código de Procedimiento Penal.

[168] El retiro del condón del hombre sin que se dé cuenta parece ser posible. Al respecto, BRODSKY, Alexandra. *Op. cit.* Pág. 185. Ref.7: *"Las víctimas que respondieron a las invitaciones a entrevistas abiertas en las redes sociales eran todas mujeres. Sin embargo, los hombres también informan que sus parejas les quitan el condón. Véase, por ejemplo, Tops quitándose*

tuaciones deben analizarse separadamente.

En los casos en que la víctima de la conducta sea un hombre, pero estamos frente a una relación sexual heterosexual, la respuesta será la misma brindada anteriormente ya que, aunque es la mujer es quien de manera directa soporta el riesgo del embarazo, a los hombres también se les reconoce su facultad de decisión sobre su reproducción[170] [171], pues la salud reproductiva no es un derecho exclusivo de las mujeres sino que, como derecho humano, puede incluir a los hombres[172.]

La importancia de sancionar los comportamientos anteriores cobra especial relevancia si además se considera que la facultad de interrumpir voluntariamente el embarazo si es exclusiva de las mujeres[173]. Esto implica que, aunque el hombre sea víctima de "Stealthing", si la mujer queda en estado de embarazo y decide dar a luz, este se verá en la obligación de asumir su rol de padre aunque no lo desee, pues acá entran en juego

---

el condón sin que el trasero se dé cuenta, Reddit (13 de enero de 2016), https://www.reddit.com/r/askgaybros/comments/40pxtr/tops_Taking_condom_off_without_bottom_noticing/ [http://perma.cc/GDG5-7X23]".

[169] En relación con el retiro del condón femenino, vale la pena reconocer que, en todo caso, el uso de condón femenino no es tan frecuente como el uso del condón masculino, ya que como sostiene MAINERO DEL PASO, Guadalupe; TREVIÑO SILLER, Sandra y LOZANO, Francisco J. "Factores que influyen en la aceptación del condón femenino en mujeres de escasos recursos". *Revista de psicología y salud.* Vol. 17. No. 1. 2007. Pág. 79: *"Existen obstáculos y oportunidades relacionados con el condón femenino. Una serie de estudios realizados en el sudoeste de Uganda encontró que, aunque los productos vaginales les gustan a las mujeres porque sienten que tienen un mayor control sobre su salud sexual y reproductiva, su uso involucra cierto grado de negociación con sus parejas masculinas. Los hombres pueden mostrarse ambivalentes con respecto al control femenino de estos productos".* Igualmente indicó que *"En México se han desarrollado pocos estudios sobre la aceptación del condón femenino, posiblemente por ser un método de reciente introducción en el país y que tiene un costo mayor en comparación con el masculino".*

[170] La Conferencia Internacional de Derecho Humanos de 1968 en su artículo 15 estableció que los padres tienen el derecho humano fundamental a decidir cuantos hijos tener y los intervalos sobre los nacimientos. Como se ve, no es un derecho solo madre o mujer. ONU. Asamblea General. "Conferencia Internacional de Derecho Humanos". Therán. Del 22 al 13 de mayo de 1968. [Consulta: 22 de abril de 2024]. https://documents.un.org/doc/undoc/gen/n68/958/84/pdf/n6895884.pdf?token=fC20acOHR-sEnSFnYEk&fe=true

[171] En el mismo sentido que en la referencia anterior, en la Conferencia Internacional de Población y Desarrollo de 1994 en su artículo 14 literal f, se reconoció el derecho humano y fundamental de las parejas y de los individuos a decidir sobre el número de hijos, no solamente a las mujeres.

[172] RUIZ SALGUERO, Magda T. *Anticoncepción y salud reproductiva en España: crónica de una revolución.* Madrid: Editorial CSIC Consejo Superior de Investigaciones Científicas. eLibro. 2005. Págs. 69-70.

[173] Como se desprende del informe de la Conferencia Internacional sobre la Población y el Desarrollo, celebrada en El Cairo en 1994, la Cuarta Conferencia Mundial sobre la Mujer, celebrada en Beijing, China, en septiembre de 1995, el artículo 12 del Pacto internacional de derechos económicos, sociales y culturales y la Resolución del Parlamento Europeo, de 24 de junio de 2021, sobre la situación de la salud y los derechos sexuales y reproductivos en la Unión, en el marco de la salud de las mujeres (2020/2215(INI)).

otros derechos relacionados con el interés superior a que el menor tenga una filiación[174], así como los demás derivados de los derechos de los niños, los cuales prevalecen.

Por otra parte, en los eventos de relaciones sexuales entre parejas del mismo sexo el riesgo de embarazo se elimina, pero persiste el de contagio de ETS o ITS, las cuales, en la mayoría de ocasiones, pueden afectar la capacidad reproductiva[175]. Por ejemplo, la Enfermedad Pélvica Inflamatoria, causada generalmente por Chlamydia o Gonorrea[176], es una ITS que conlleva a una inflamación aguda o crónica que va ascendiendo desde la vagina hacia el útero, trompas de Falopio y ovarios produciendo adherencias que pueden causar la infertilidad[177]. En consecuencia, el "Stealthing" supondrá una afectación a la salud reproductiva en estos casos cuando como consecuencia de la conducta se transmita una ITS o ETS capaz de afectar la reproducción del sujeto. En todo caso, la posibilidad de contagio de ETS e ITS está igualmente presente en relaciones heterosexuales, lo que refuerza aún más el argumento de que el "Stealthing" comporte un atentado a la salud reproductiva en dichos eventos.

Así las cosas, recordando los ejemplos 2 y 3 planteados en la introducción de este escrito, en el primero, Ana sufrió, además de un atentado contra su libertad sexual, uno a su salud reproductiva, pues como consecuencia de la conducta de Pedro se encuentra en estado de embarazo aun cuando no lo deseaba, lo que afecta directamente su libertad de decidir, cuándo y con quién tener hijos, independientemente que la ley le conceda un "remedio" consistente en la posibilidad de interrumpir dicho embarazo. En el segundo caso habrá que evaluar si la infección de transmisión sexual contagiada a Pablo es de aquellas que pone en riesgo la fertilidad del portador y, en caso afirmativo, también se constituirá una vulneración al bien jurídico de la libertad reproductiva. Todo esto llevará a la necesidad de, como mínimo, agravar la pena que se asigne al "Stealthing", pues claramente la consecución de estos resultados generan un mayor desvalor a la conducta.

---

[174] MORALES, Patricia. "Filiación: ¿Tienen los hombres el derecho a decidir si quieren o no ser padres?". La tercera. [Consulta: 23 de abril de 2024]. https://www.latercera.com/paula/filiacion-tienen-los-hombres-el-derecho-a-decidir-si-quieren-o-no-ser-padres/

[175] RODRÍGUEZ PENDÁS, Bertha V.; SANTANA PÉREZ, Felipe. "Infecciones de transmisión sexual, calidad del semen e infertilidad". *Revista Cubana Endocrinol.* ISSN 1561-2953. Vol. 19 No. 3. 2008.

[176] BAQUEDANO MAINAR, Laura, ABAD RUBIO, Cristina, ADIEGO CALVO, Ignacio, COLECHA MORALES Martha, et al. "Protocolo aragonés de enfermedad inflamatoria pélvica." *Prog Obstet Ginecol.* 2020. Pág. 348.

[177] BAQUEDANO MAINAR, Laura; LAMARCA BALLESTERO, Marta; PUIG FERRER, Fernando y RUIZ CONDE, Miguel A. "Enfermedad inflamatoria pélvica: un reto en el diagnóstico y tratamiento precoz". *Revista chilena de Obstericia y Ginecología.* Vol.79. No. 2. 2014. Pág. 115 - 116.

2. El atentado contra la integridad personal

2.1. La integridad personal como bien jurídico protegido penalmente

El derecho a la integridad personal tiene su base en el artículo 3 de la Declaración Universal de Derechos Humanos realizada en 1948 por la Asamblea General de las Naciones Unidas, donde se consagra que *"toda persona tiene derecho a la vida, libertad y a la seguridad de su persona"*[178]. Asimismo, se refuerza en el artículo 7 del Pacto Internacional de Derechos Civiles y Políticos, un tratado multilateral adoptado por la Asamblea General de las Naciones Unidas en 1966, que prohíbe la tortura y otros tratos o penas crueles, inhumanos o degradantes[179]. No obstante, fue reconocido formalmente por primera vez en la Convención Americana de los Derechos Humanos en su artículo 5, entendido como *"el derecho de toda persona a que se respete su integridad física, psíquica y moral"* [180], y posteriormente en la Carta de los Derechos Fundamentales de la Unión Europea en su artículo 3 como *"el derecho de toda persona a que se respete su integridad física y psíquica"*. [181]

Este derecho ha sido concretamente definido como el *"conjunto de condiciones físicas, psíquicas y morales que le permiten al ser humano su existencia, sin sufrir ningún tipo de menoscabo en cualquiera de esas tres dimensiones[182]"*. Por consiguiente, la integridad personal se erige como un derecho inherente a la dignidad humana[183] [184], siendo esencial para el pleno desarrollo de la personalidad de cada individuo[185].

---

[178] ONU. Asamblea General. "Declaración Universal de Derechos Humanos". París, Francia. 10 de diciembre de 1948. [Consulta: 24 de abril de 2024]. https://www.un.org/es/about-us/universal-declaration-of-human-rights

[179] ONU. Asamblea General. "Pacto Internacional de los Derechos Civiles y Políticos". Resolución 2200 (xxi). Nueva York, Estado Unidos. 16 de diciembre de 1966. [Consulta: 24 de abril de 2024]. file:///Users/ssd/Downloads/Dialnet-ContenidoDelDerechoALaIntegridadPersonal-3135087.pdf

[180] OEA. "Convención Americana de Derechos Humanos". Suscrita en la Conferencia Especializada Interamericana sobre Derechos Humanos San José, Costa Rica 7 al 22 de noviembre de 1969. [Consulta: 24 de abril de 2024]. https://www.oas.org/dil/esp/1969_Convenci%C3%B3n_Americana_sobre_Derechos_Humanos.pdf

[181] UE. Parlamento Europeo. "Carta de los Derechos Fundamentales de la Unión Europea". Diario Oficial de las Comunidades Europeas, 07 de diciembre de 2000. [Consulta: 24 de abril de 2024]. http://www.europarl.europa.eu/charter/pdf/text_es.pdf

[182] AFANADOR C., María I. "El derecho a la integridad personal - Elementos para su análisis". *Revista de Ciencias Sociales*. ISSN: 1405-1435.Vol. 9, No. 30. 2002. Pág. 147.

[183] CANOSA USERA, Raúl. *El derecho a la integridad personal*. Lex Nova. España. 2006.

[184] CASTILLA DE CORTÁZAR, Blanca. "En torno a la fundamentación de la dignidad personal". *Revista de Ciencias Jurídicas y Sociales, Nueva Época*. ISSN 1698-5583. Vol. 18. No. 1. 2015. Pág. 76, define la dignidad humana como *"aquella calidad inherente a la persona humana por el hecho de serlo"*.

[185] FERNANDEZ ACEBO. María D. "La tutela de los derechos fundamentales a la intimidad e integridad física frente a la actuación de los poderes públicos sobre el cuerpo humano. Una perspectiva constitucional sobre las intervenciones corporales y otras diligencias de investiga-

Bajo el entendido de lo anterior, la doctrina considera que el derecho a la integridad personal comprende las siguientes dimensiones: i). De manera principal, el derecho a no sufrir alteración o pérdida de algún órgano o sentido, lo que denomina como el derecho a la incolumidad corporal[186], ii). El derecho a no sufrir menoscabo moral o psíquico. Entendiendo el menoscabo moral como cualquier degradación a la persona y el menoscabo psíquico como aquel que está íntimamente relacionado con la salud mental del individuo[187], iii). El derecho no ser sometido a tratos inhumanos o degradantes[188] o a no padecer dolor o sufrimiento[189], lo que se relaciona íntimamente con la prohibición de la tortura, y iv). El derecho a mantener buena salud, lo que implica estar libre de enfermedades que amenacen el bienestar general[190]

Así las cosas, la integridad personal se manifiesta en dos dimensiones: una positiva, relacionada con el libre desarrollo de la personalidad que protege la capacidad de decisión libre y voluntaria sobre el propio cuerpo[191] [192], y una negativa, que implica la facultad de rechazar cualquier lesión o menoscabo a la persona sin su consentimiento[193]. Por consiguiente, el consentimiento se configura como la base para el ejercicio legítimo del derecho[194].

De conformidad con lo anterior, cuando no media consentimiento válido por parte de un individuo para que se realice una intromisión en su integridad, podemos estar frente a un acto ilegítimo que hace necesaria la respuesta del derecho penal en pro de garantizar la protección del derecho. De ahí que, por ejemplo, en la mayoría de ordenamientos jurídicos se sancionen las lesiones personales a título de delito, así como los atentados graves a la salud de las personas.

2.2. Las ITS y ETS como un atentado a la integridad personal

Las infecciones de transmisión sexual (ITS) son aquellas *"causas por el contacto de microorganismos entre una persona y otra a través del contacto sexual"*[195], las cuales, en el momento en que se asocian a complicaciones genitales, se convierten

---

ción". Tesis doctoral. A Coruña. 2013. Pág. 137.

[186] CANOSA USERA, Raúl. *Op. cit.* Pág. 192.

[187] Ibidem. Pág. 95.

[188] Ibidem Pág. 179.

[189] GIL HERNÁNDEZ, Ángel. In*tervenciones corporales y derechos fundamentales,* Cólex, Madrid. 1995. Pág. 50.

[190] FERNANDEZ ACEBO. María D. *Op cit.* Pág. 138.

[191] STC. 444/2023. M.P. Inmaculada Montalbán Huertas. 09 de mayo de 2023.

[192] En el mismo sentido la STC 181/2004. MP. María Emilia Casas Baamonde. 2 de noviembre de 2004, y la STC 34/2008. MP. María Emilia Casas Baamonde. 25 de febrero DE 2008.

[193] CANOSA USERA, Raúl. *Op. cit.* Pág. 66.

[194] FERNANDEZ ACEBO. María D. *Op cit.* Pág. 142.

[195] HIDROVO ARTEAGA, María J.; RAMÍREZ MEDRANDA, Karla A.; MENDOZA SALAZAR, Jesús G. y MERO BARCIA, Valeria M. "Riesgo y consecuencias de las enfermedades de transmisión sexual". *Revista Científica Mundo de la Investigación y el Conocimiento.* ISSN: 2588-073X. 2020. Pág. 519.

en enfermedades de transmisión sexual (ETS)[196], siendo esta la principal diferencia entre ambos términos. Las dos, tal y como se había mencionado anteriormente, no solo constituyen una afectación en contra de la salud sexual de los individuos[197], sino que también configuran una clara vulneración a la salud reproductiva, ya que pueden generar la infertilidad además de graves patologías en el feto o en el recién nacido[198].

Durante mucho tiempo, la legislación penal de varios países ha abordado de manera seria la amenaza que representan las ITS y ETS para el bienestar individual. Por ejemplo, el Código Penal Español en 1928 expresamente tipificó como delito el contagio de estas patologías[199]. Esta conducta se incluyó en el título destinado a proteger la vida y la salud de las personas, aunque desapareció en 1932.

Si bien desde 1994 hasta 1973 se mantuvo el delito que castigaba la propagación dolosa de enfermedades transmisibles[200], como parte de los delitos contra la salud pública, este también desapareció con la promulgación del Código Penal de 1995. Sin embargo, esto no implica una falta de protección penal para las personas que son víctimas del contagio de dichas enfermedades.

Como se indicó previamente, tanto las ETS como ITS constituyen un atentado a la salud de las personas, siendo la salud un derecho autónomo e independiente a la integridad personal, que implica el derecho a estar sanas y mantener un estado general de bienestar, así como la facultad de recuperarse en caso de enfermedad[201]. Este derecho es reconocido en las constituciones de los diferentes Estados de manera independiente[202]. No obstante, a pesar de su autonomía frente al derecho de la

---

[196] Ídem.

[197] Según: ONU. Fondo de Población (UNFPA). "Programa de acción. aprobado en la Conferencia Internacional sobre la Población y el Desarrollo". *Op. cit.* Pág. 65.

[198] STS. 690/2019. MP. Pablo Llarena Conde. 11 de maro de 2020. ECLI: ES:TS:2019:2109.

[199] Los artículos 538 y 539 del Código Penal español de 1928 consagraban: Artículo 538. *"Quien sabiendo que se encuentra atacado de una enfermedad sexual en su período contagioso infectare a otro por vía intersexual o de otra manera será castigado con la pena de dos meses y un día a un año de prisión. Si el hecho se realizara entre cónyuges, solamente podrá ser perseguido a instancia de parte".* Artículo 539. *"Será castigado con la pena de dos meses y un día a un año de prisión o multa de 2.000 a 10.000 pesetas, el que, conociendo la enfermedad sifilítica o contagiosa que padece un niño lactante, lo entrega a criar o toma una nodriza con dicho fin y ocasiona el contagio de 031%".*

[200] El artículo 348 bis del Código Penal español de 1973 consagraba: *"El que maliciosamente propagare una enfermedad transmisible a las personas será castigado con la pena de prisión menor. No obstante, los Tribunales, teniendo en cuenta el grado de perversidad del delincuente, la finalidad perseguida o el peligro que la enfermedad entrañare, podrán imponer la pena superior inmediata, sin perjuicio de castigar el hecho como corresponda si constituyere delito más grave".*

[201] GOSTÍN BUENAPOSADA, Paula. "La conexión del derecho a la salud y el de la integridad física en relación con los derechos de los trabajadores". Trabajo fin de grado. Universidad del País Vasco. 2022. Pág. 13.

[202] Un ejemplo de esto se evidencia en el artículo 43 de la Constitución española, que regula el

integridad personal, la correlación entre los mismos es inevitable, especialmente con el concepto de integridad física, derivado del de integridad personal, que engloba la totalidad de la estructura físico-orgánica de cada individuo[203]. Por lo tanto, los atentados contra la salud, en la mayoría de sus veces, afectan la incolumidad corporal que con dicho precepto busca garantizar.

Respecto a lo anterior, el Tribunal Constitucional Español ha indicado: *"el derecho a la salud o, mejor aún, el derecho a que no se dañe o perjudique la salud personal, queda comprendido en el derecho a la integridad personal del artículo 15 CE, si bien no todo supuesto de riesgo o daño para la salud implica una vulneración del derecho fundamental a la integridad física y moral, sino tan sólo aquél que genere un peligro grave y cierto para la misma"* [204] [205].

En mismo sentido, doctrinantes como el CANOSA USERA han sostenido que: *"la integridad personal abarcaría el cuerpo humano con todos sus componentes, desde las moléculas que forman sus genes, incluyendo por tanto la integridad genética, hasta su anatomía y apariencia, así como las potencialidades intelectuales y sensoriales, incluidas las que tienen que ver con la capacidad de experimentar dolor físico o padecimiento psicológico o moral"* [206].

En consecuencia, las afecciones graves a la salud de las personas constituyen un atentado contra la integridad personal, lo que permite que sean sancionadas por los tipos penales destinados a proteger dicho derecho. Esto incluye los casos de contagio de ITS y ETS ya que, como se explicó previamente, el riesgo que generan en la salud de las personas es potencial. Un ejemplo de esto es el caso abordado en la Sentencia del Tribunal Supremo 1218/2011, de 8 de noviembre, donde se condenó por lesiones graves a un sujeto que omitió informar a su pareja sexual de que era portador de VIH y, a sabiendas de lo mismo, no utilizó condón durante dos actos sexuales sostenidos entre ellos[207].

---

derecho a la salud y el artículo 15 de la misma, el cual consagra la integridad personal. De la misma manera sucede en la Constitución colombiana en su artículo 49 sobre derecho a la salud y el artículo y el artículo 44 sobre los derechos fundamentales, dentro del cual se encuentra la integridad física.

[203] FERNANDEZ ACEBO, María D. *Op. cit.* Pág. 159

[204] STC 5/2002. MP. Pablo García Manzano. 14 de enero 2002.

[205] En el mismo sentido la STC 119/2001. MP. Manuel Jiménez de Parga y Cabrera. 14 de mayo de 2001 y la STC 35/1996, MP. Rafael de Mendizábal Allende. 11 de marzo de 1996.

[206] CANOSA USERA, Raúl. *Op. cit.* Pág. 89.

[207] Los hechos probados de la referida sentencia fueron: *"entre dicho mes y el de junio siguiente mantuvo con ella varias relaciones sexuales, y, a pesar de la infección que padecía, y la alta probabilidad de contagio de la misma por transmisión sexual, no utilizó en dos de tales ocasiones preservativo ni protección de ninguna clase, hasta que, ya en el último mes, y tras haber mantenido los contactos sexuales referidos, se lo dijo, aunque refiriéndola que acababa de enterarse del contagio, sugiriéndola que se realizara ella también las pruebas en un Centro Sanitario conocido por él".* STS 1218/2011. M.P. Carlos Granados Pérez. 8 de noviembre de 2011.

2.3. Embarazo no deseado ¿un atentado contra la integridad personal?

Como se deprende de los postulados previamente expuestos en este escrito, el embarazo hace parte del derecho a la salud reproductiva. Este derecho comprende la facultad de decidir libremente cuándo, cómo, con quién y de qué manera tener hijos, así como la posibilidad de no tenerlos, optando por la utilización de métodos anticonceptivos y modelos de planificación familiar[208]. Además, en los casos autorizados por la ley, la facultad de interrumpir voluntariamente el embarazo[209].

De la misma manera, ha quedado establecido que el derecho a la salud reconoce un estado de bienestar general de los individuos, así como la posibilidad de recuperarse en caso de enfermedad y que, a pesar de ser un derecho distinto al de integridad personal, está íntimamente relacionados con este ya que, en términos generales, la incolumidad personal que se desprende de la integridad abarca toda la estructura fisio-orgánica del individuo[210]. Por consiguiente, y a la luz de los postulados del Tribunal Constitucional Español[211], siempre que el atentado contra la salud de las personas suponga un riesgo grave para la misma, la integridad personal se verá afectada[212].

Concretamente frente a las afectaciones que el embarazo produce, el Tribunal Constitucional Español ha establecido que: *"el embarazo y el parto, aun cuando no presenten complicación adicional de ninguna clase, generan por sí mismos una afectación relevante de la integridad física de la mujer que se ve sometida a ellos.[213]"*. Esto se debe a que dicha condición provoca cambios significativos tanto a nivel fisiológico como morfológico en varios sistemas del cuerpo de las mujeres. Además, el parto, ya sea natural como por cesárea es considerado un evento fisiológico complejo que produce importantes modificaciones corporales. A estos cambios físicos se suman los cambios psicológicos que este puede representar en la mente humana, como sucede, por ejemplo, en los eventos de depresión perinatal[214].

En dicho sentido, el embarazo si puede afectar la integridad personal de las mujeres, razón por la que, incluso, el aborto se ha despenalizado en varias legislaciones, pues tal como lo afirma el Tribunal Constitucional Español: *"de la maternidad se derivan obligaciones que pueden, de facto y de iure, imponer a la mujer variar por completo su propio plan de vida. Por ello, una regulación que imponga a la mujer gestante una obligación de culminar el embarazo al margen de sus facultades decisorias y con independencia de la fase de gestación en la que se encuentre, equivaldría a la*

---

[208] Al respecto, véase el apartado de este escrito denominado "el atentado contra la salud reproductiva".

[209] STC. 444/2023. M.P. Inmaculada Montalbán Huertas.09 de mayo de 2023.

[210] FERNANDEZ ACEBO, María D. *Op. cit.* Pág. 159

[211] En sentencia STC 5/2002. M.P. Pablo García Manzano. 14 de enero 2002.

[212] Al respecto véase el apartado denominado: "Las ITS y ETS como un atentado a la integridad personal".

[213] STC. 444/2023. M.P. Inmaculada Montalbán Huertas.09 de mayo de 2023.

[214] Ídem.

imposición de una maternidad forzada y, en tal concepto, supondría una instrumentalización de la persona contraria al art. 15 CE[215]".

Por tanto, siempre que una mujer se vea forzada a ser madre, con independencia de los debates aún existentes frente a la interrupción voluntaria del embarazo, habrá una afección a su integridad personal en su vertiente positiva, es decir al *"derecho de autodeterminación individual que protege la esencia de la persona como sujeto con capacidad de decisión libre y voluntaria, resultando vulnerado cuando se mediatiza o instrumentaliza al individuo, olvidando que toda persona es un fin en sí mismo[216]".*

Lo anterior es especialmente relevante en los casos de «Stealthing», en la medida que la conducta hace latente en riesgo de consecución de embarazos no deseados. En consecuencia, a continuación se expondrá concretamente como el fenómeno puede atentar contra dicho bien jurídico en estos supuestos, así como en los de contagio de ITS o ETS.

2.4. *"Stealthing" como un atentado a la integridad personal*

El «Stealthing» es una conducta que puede tener consecuencias extremadamente graves en las personas, ya que puede propiciar el contagio de ITS y ETS[217], así como la generación de embarazos no deseados. Estas circunstancias tienen un impacto significativo en la salud de las personas, riesgo que está cobijado por la protección al derecho a la integridad personal[218].

A priori, el "Stealthing" es una conducta que afecta la libertad sexual con independencia de que produzca o no un resultado determinado, como se desprende de los postulados esgrimidos en este documento, pues basta con la ausencia de consentimiento para que dicho acto se constituya como una agresión de índole sexual[219]. No obstante, siempre que como consecuencia del retiro del condón sin preservativo se contagie una ETS o ITS, la integridad personal del individuo, concretamente la física, se verá afectada. Así lo ha reconocido el Tribunal Supremo español en diferentes oportunidades, siendo un ejemplo de ello, diferente al ya planteado anteriormente[220], el caso abordado en la STS 690/2019, de 11 de marzo de 2020[221].

---

[215] Ídem.

[216] Ídem.

[217] Al respecto, BRODSKY, Alexandra. *Op. cit.* Págs. 191-192: *"Las relaciones sexuales sin condón conllevan mayores riesgos de embarazo y transmisión de ITS que las relaciones sexuales con condón. Debido al mayor riesgo, la extracción del condón transforma el acto sexual en un acto diferente, de modo que el consentimiento a uno no es transferido para consentir al otro".*

[218] Al respecto véase el apartado denominado "Las ITS y ETS como un atentado contra la salud reproductiva".

[219] Al respecto véase el apartado denominado: "el atentado contra la libertad sexual".

[220] STS 1218/2011. M.P. Carlos Granados Pérez. 8 de noviembre de 2011. ECLI: ES:TS:2011:7857.

[221] Los hechos probado en el presente caso fueron: *"Se declara probado que el procesado, Luciano, cuya circunstancias personales constan en autos, había sido diagnosticado por infección de*

Tanto en la STS 1218/2011, de 8 de noviembre, como en la STS 690/2019, de 11 de marzo de 2020[222], se aborda la cuestión de sancionar a quien ha contagiado una enfermedad de transmisión sexual debido al no uso de condón, a pesar de conocer sobre el padecimiento de tal condición. Para la resolución de estos casos fue vital determinar si el acusado había informado o no a la víctima de su afección y si, por ende, esta había aceptado el riesgo de contagio de la enfermedad, pues en caso de hacerlo, en virtud del principio de auto puesta en peligro, no habría lugar a sanción penal alguna. Es decir, la base de la protección penal radica en el consentimiento como elemento fundamental del derecho a la integridad personal[223].

Sin embargo, la situación difiere en los casos de «Stealthing», pues en este último, la persona nunca acepta el riesgo de ver afectada su salud, pues partía de la base del uso de condón, el cual, además de método anticonceptivo, actúa como barrera contra la transmisión de enfermedades e infecciones sexuales[224]. Por lo tanto, en el momento en que este es retirado de manera "sigilosa", se produce el atentado contra su libertad sexual y, si se realiza el efectivo contagio, el de la integridad física. En este contexto, la aceptación de la relación sexual por parte de la víctima siempre está condicionada al uso del preservativo, independientemente de si el agresor informó o no sobre su condición, por lo que no hay forma de que el otro individuo consienta la afectación de su cuerpo por una enfermedad que claramente no esperaba contraer.

Ahora bien, en los casos de producción de embarazos no deseados, a diferencia de la respuesta brindada en la sección referida a la salud reproductiva, la integridad personal se entenderá afectada solo en aquellos eventos en que el sujeto pasivo sean mujeres y siempre que la relación sexual sea de carácter heterosexual, pues a pesar de que al hombre también se le reconoce la libertad de decidir sobre su reproducción, biológicamente no le es posible quedar en estado de embarazo, por ende, no se verá en la obligación de soportar las afectaciones bilógicas y psicológicas que la gestación causa al cuerpo humano.

En este punto vale la pena resaltar que, aunque es el propio Tribunal Constitucional español es el que establece que el embarazo siempre comporta afectaciones para la

---

VIH desde el 15 de julio de 2004. En el año 2012, inició una relación sentimental con Clemencia, con la que convivió un año y medio en la ciudad de Madrid, hasta el mes de septiembre del 2014. En el mes de septiembre del 2013, se diagnosticó a Clemencia que era portadora del VIH, virus que le había transmitido el procesado, en el curso de las prácticas sexuales que como pareja, ambos mantenían. 1.2- No ha quedado acreditado, fuera de toda duda, que Clemencia ignorara la enfermedad de transmisión sexual que padecía su pareja y, en consecuencia, que mantuviera relaciones sexuales con el mismo sin tener conocimiento de tal extremo".

[222] En el mismo sentido la SAP Z 325/2016. MP. Francisco Javier Cantero Ariztegui. 19 de octubre de 2016. ECLI:ES:APZ:2016:1738.

[223] STS 690/2019, MP. Pablo Llarena Conde. 11 de marzo de 2020. ECLI: ES:TS:2020:806

[224] DEPARTAMENTO DE SALUD Y SERVICIOS HUMANOS DE LOS ESTADOS UNIDOS. Centros para el Control y la Prevención de Enfermedades. "Los condones y las ETS: Hoja informativa para el personal de salud pública". Pág. 1. [Consulta: 25 de abril de 2024]. https://www.cdc.gov/condomeffectiveness/docs/Condoms_and_STDS_spanish.pdf

integridad de la mujer, la jurisprudencia española ni la ley prevén una sanción adicional que recoja el desvalor derivado de dicho resultado lesivo como producto de la comisión de delitos sexuales, pues no se observa un agravante al respecto en el Código Penal, ni tampoco se evidencia que los jueces consideren la relevancia de esto situación en la resolución de los casos que abordan[225].

Lo anterior es altamente criticable, ya que las consecuencias derivadas de un embarazo no deseado son realmente importantes, lo que hace necesario que sean consideradas para catalogar el supuesto como uno de mayor relevancia, sancionándolo también a título de lesiones personales o, al menos, contemplándolas como una causal de agravación de la pena.

Concretamente frente a la sanción como supuesto de lesiones, la jurisprudencia española ha autorizado el concurso entre agresiones sexuales y lesiones personales en los eventos en que como resultado del primer delito se produce el otro, por ejemplo, cuando una violación se realiza mediante el uso de violencia generando lesiones en la víctima. Al respecto, la sentencia SAP IB 31/16 ha indicado: *"El delito de agresión sexual con empleo de violencia requiere el empleo de ésta, pero no exige la causación de lesiones corporales, de modo que el ataque a la salud y a la integridad corporal protegidos por el tipo de lesiones no es elemento indispensable del delito contra la libertad sexual, mediante el que se protege un bien jurídico distinto: la libertad sexual de la persona. Para contemplar penalmente todo el desvalor del hecho puede ser necesario aplicar ambos delitos, en relación de concurso[226]"*.

En dicho sentido, si un hecho genera varios resultados lesivos, como sucede en los casos de producción de un embarazo como consecuencia de una agresión sexual, con la finalidad de abarcar por completo el desvalor del hecho, podrá predicarse un concurso delitos.

Ahora bien, con respecto a la posibilidad de contemplar un agravante, ejemplo de ello es el caso colombiano que en su artículo 211 del Código Penal agrava todos los atentados contra la libertad sexual si como consecuencia de los mismos se produce el embarazo, lo que le permite abarcar por completo el desvalor que los hechos

---

[225] Puede verse como ejemplo la SAP S 44/2019 M.P.Agustín Alonso Roca. 13 de marzo de 2019. ECLI:ES:APS:2019:44, en donde la victima quedó embarazada como consecuencia de la agresión sexual, condenando al acusado solamente por el delito de abuso sexual agravado por haber habido penetración vaginal. En este evento la víctima decidió dar a luz, pero no en todos los casos las mujeres determinan tener el bebé, sino que se someten a procesos de interrupción voluntaria del embarazo con todas las implicaciones que esto conlleva. Ejemplos de estos casos y otros similares son la SAP S 44/2019. MP. Agustín Alonso Roca. 13 de marzo de 2019. ECLI:ES:APS:2019:44; la SAP CC 466/2022 MP. Valentín Pérez Aparicio. 21 de junio de 2022. ECLI:ES:APCC:2022:466; la ATS 4752/2024 M.P. Vicente Magro Servet. 04 de abril de 2024. ECLI:ES:TS:2024:4752.

[226] SAP IB 547/2016. MP. María Del Carmen Ordoñez Delgado. 31 de marzo de 2016. ECLI:ES:APIB:2016:547

concretos, siendo esta una respuesta jurídica válida y totalmente adecuada.

Así las cosas, recordando una vez más los ejemplos 2 y 3 planteados en la introducción de este documento, debemos decir que Ana, además de una vulneración a su libertad sexual y salud reproductiva, vio afectada su integridad personal por tener que soportar las afectaciones propias de un embarazo que no deseaba. En el caso de Pablo, quien contrajo una infección de transmisión sexual, también se vio menoscabada su integridad en la medida que sufrió una afectación a su salud que no tenía que soportar, haciendo estas circunstancias mayormente reprochable la conducta del sujeto agente, es decir, de Pedro y de Fabio respectivamente.

Con todo, el tratamiento jurídico del «Stealthing» variará según las circunstancias específicas de cada caso y, especialmente, según la legislación vigente en cada jurisdicción. Sin embargo, cualquier medida legal debe partir de la consideración de los intereses jurídicos afectados aquí expuestos y tender siempre a aplicar una sanción penal que comprenda completamente el desvalor de la conducta en cuestión. Por lo tanto, a continuación se expondrá de qué manera debe sancionarse este fenómeno, examinando el tratamiento que ha recibido en diferentes ordenamientos jurídicos, sus problemáticas y ventajas, para concluir con la propuesta que, a mi juicio, es la más acertada.

CAPÍTULO III
EL DELITO DE "STEALTHING"

En los capítulos anteriores se estableció que el «Stealthing» supone principalmente una vulneración del bien jurídico de la libertad sexual, cuyo elemento fundamental es el consentimiento. No obstante, los mecanismos penales adoptados por los distintos sistemas legales para proteger la libertad sexual varían en relación con el consentimiento, dependiendo de si el mismo se entiende o no como un pilar esencial del bien jurídico.

En los países en los que el consentimiento es considerado parte vital del bien jurídico, el «Stealthing» constituye indudablemente un atentado contra el mismo. Sin embargo, en aquellos donde no lo es, el «Stealthing», que implica sigilo y no violencia o intimidación, no está inicialmente llamado a ser objeto de sanción penal.

Además, el retiro no autorizado del condón puede tener múltiples repercusiones, como la consecución de embarazos no deseados o el contagio de infecciones o enfermedades de transmisión sexual. Estos resultados afectan bienes jurídicos como la salud reproductiva y la integridad física, justificando la imposición de sanciones más altas.

Lo anterior ofrece una visión clara del verdadero desvalor del «Stealthing», sus posibles consecuencias y la urgencia de actuar frente a la misma. Sin embargo, aún queda por determinar cómo debe ser sancionado. Por lo tanto, antes de presentar mi postura, es esencial analizar los enfoques adoptados por otros países en relación con esta cuestión. La presente revisión nos ayudará a identificar la perspectiva más efectiva para la protección de los derechos de las víctimas, así como para establecer un marco legal proporcional y justo para abordar esta conducta.

1. El "Stealthing" como un supuesto de responsabilidad netamente civil

La legislación del Estado de California, Estados Unidos, constituye un hito significativo en relación con el «Stealthing», ya que es una de las primeras en considerarlo un acto ilegal. Sin embargo, aunque esta ilegalidad se basa en el entendimiento del fenómeno como una forma de agresión sexual, no se considera suficiente para ser merecedora de reproche penal, sino que se incluye dentro de las que deben ser objeto de la jurisdicción civil. Esto se estableció el 7 de octubre de 2021 mediante la ley que agregó dos apartados al artículo 1708 del Código Civil del Estado. Estas adiciones identifican ciertas conductas que pueden ser presentadas ante los jueces con la finalidad de que los daños o perjuicios sufridos como consecuencia de las mismas sean indemnizados.

En consecuencia, los numerales 4 y 5 del mencionado artículo quedaron de la siguiente manera: *"(a) A person commits a sexual battery who does any of the following: (4) Causes contact between a sexual organ, from which a condom has been removed, and the intimate part of another who did not verbally consent to the condom being removed. (5) Causes contact between an intimate part of the person and a sexual organ of another from which the person removed a condom without verbal consent[227]"*, lo que en idioma español traduce *"(a) Una persona comete agresión sexual cuando hace cualquiera de las siguientes cosas: 4) Provoca contacto entre un órgano sexual, del cual se ha retirado el condón, y la parte íntima de otra persona que no dio su consentimiento verbal para que se le retire el condón. (5) Provoca contacto entre una parte íntima de la persona y un órgano sexual de otra del cual la persona se quitó un condón sin consentimiento verbal[228]"*.

Como se observa, California reconoce que el «Stealthing» puede darse de dos maneras: la primera ocurre cuando la persona que usa el condón se lo retira a sí misma y luego establece un contacto entre órganos íntimos sin el consentimiento del otro participante en el acto sexual, como se describe en el numeral 5. La segunda se produce cuando el que no utiliza el preservativo es quien se lo retira a la persona que sí lo está usando, tal como se prevé en el inciso 4. Este último caso confirma la creciente tendencia a considerar que las mujeres también pueden ser sujetos activos de esta conducta[229].

Ahora bien, en relación con la determinación de incluir el "Stealthing" como un supuesto civil, según Cristina García, impulsora de la ley, esto se basa en el artículo publicado por BRODSKY en 2017, titulado «Rape-Adjacent: Imagining Legal Responses To Nonconsensual Condom Removal[230]». Este artículo, uno de los primeros en la materia, concluye que el «Stealthing» no es un supuesto que la víctimas consideren como una violación, pero si del mismo tipo o más bien, relacionado con la misma[231], es decir, como una agresión de índole sexual.

No obstante lo anterior y a pesar de que BRODSKY señala las dificultades que las normas penales de Nueva York podrían representar para sancionar el "Stealthing" como delito — ya que la violación en primer y segundo grado requieren la presencia de violencia o intimidación, y estos elementos normativos hacen que el «Stealthing» no pueda ser subsumido en las mismas —, también destaca que existen otras normas penales, como la violación en tercer grado, que al basarse en el consentimiento

---

[227] Civil Code of the State of California. 1872. Artículo. 1708 incisos 4 y 5.

[228] Traducido en https://www.deepl.com/es/translator

[229] Esto es acorde a la investigación realizada por BRODSKY, Alexandra. *Op. cit.* Pág. 185. Ref 7., donde indicó que los hombres también denunciaron que, en ocasiones, sin percatarse, las mujeres les retiraban el preservativo que estos llevaban puesto, tal y como lo expusimos en la referencia 156 de este documento.

[230] En español: "'Violación adyacente': Imaginando respuestas legales a la retirada no consensual del condón".

[231] CORRIGAN WERLBOURN STOKKE. "New law makes condom stealthing illegal in California". 31 de enero de 2022. [Consulta: 02 de mayo de 2024] https://www.cwsdefense.com/blog/2022/january/new-law-makes-condom-stealthing-illegal-in-calif/

como elemento normativo del tipo penal, abarcarían esta conducta[232]. Por lo tanto, siempre reconoce como viable la sanción penal de la misma.

La autora también examina la posibilidad de abordar el fenómeno fuera del Derecho Penal, como podría ser en lo que ella denomina el derecho de daños. Sin embargo, ello lo hace partiendo de la base de la consecución de un resultados lesivos adicionales, como un embarazo no deseado o el contagio de una ITS o ETS, resaltando además la problemática que efectivamente plantea el demostrar un daño o perjuicio en aquellas víctimas que no sufrieron ninguna de estas afecciones[233]. Por lo tanto, estos eventos no consideran la vulneración a la libertad sexual que el "Stealthing" por sí mismo representa, aunque no genere consecuencias adicionales.

Podría pensarse que una de las razones para que California considerara la conducta como merecedora de reproche civil y no penal es el hecho de que en la redacción de la norma no se incluyó la necesidad que se configure una penetración, sino que basta con el mero contacto entre órganos sin la presencia del preservativo, por lo que, con la finalidad de no incurrir en excesos punitivos prefirieron contemplarla como un supuesto susceptible de reproche civil atado a la consecución de daños y perjuicios[234].

Esta argumentación cobra sentido al tener en cuenta que tanto la doctrina como la jurisprudencia han definido el «Stealthing» primordialmente como un acto que conlleva un acceso carnal. Por esta razón es que se ha abordado desde una perspectiva penal, llegando incluso en ocasiones a equipararse con casos de violación tradicional[235]. Sin embargo, desde este punto de vista, el problema que se derivaría de la normatividad californiana es que esta no estaría recogiendo el verdadero desvalor de los casos en que la conducta suponga dicho acceso carnal, lo cual es altamente cuestionable.

Aunque la existencia de penetración se entiende subsumida en la redacción propuesta, ya que si se sancionan los meros tocamientos, con mayor razón se sancionará el contacto entre órganos que culmine en penetración, lo que conllevará a una indemnización más alta debido a las mayores consecuencias que estos eventos puedan generar; lo cierto es que las implicaciones de un acceso carnal son significativamente

---

[232] BRODSKY, Alexandra. *Op. cit.* Págs. 196-197.

[233] Al respecto, BRODSKY, Alexandra. *Op. cit.* 200: *"Pero ¿qué pasa con las víctimas, como las entrevistadas, que no contrajeron una ITS ni quedaron embarazadas por "sigilo", pero aun así seguramente experimentaron un daño grave? Si bien la lesión es principalmente emocional, los daños basados únicamente en la angustia emocional son notoriamente raros. Los agravios por imposición negligente de angustia emocional (NIED) casi siempre requieren también daño físico"*.

[234] Es decir, California decidió desligarse de la idea de que el "Stealthing" supone una penetración, ilegalizando el simple contacto entre órganos sin el uso del preservativo. Esto podría representar un exceso punitivo si es sancionado por el derecho penal términos de lesividad. Por lo tanto, optaron por abordarlo solo como un caso de responsabilidad civil que requiere la acreditación de daños.

[235] Al respecto, revísese el apartado denominado "¿Es el "Stealthing" una violación?".

diferentes a las de los meros tocamientos. En estos casos, las víctimas enfrentan un mayor riesgo de embarazo y de contagio de ITS o ETS, además de los impactos psicológicos más severos que pueden acarrear. Esto claramente justifica un tratamiento diferenciado entre estas situaciones, tal y como lo hacen la mayoría de ordenamientos jurídicos, por ejemplo España, donde los actos sexuales sin consentimiento conllevan a una sanción, si bien penal, de uno a tres años de prisión y con la posibilidad de solamente de imposición de una multa[236], mientras que los supuestos de violación prevén una exclusiva pena de prisión que va de cuatro a doce años[237].

Por lo tanto, aunque el «Stealthing» no constituye una violación tradicional, como se estableció en el primer capítulo de este escrito, y dejando de lado la discusión sobre la lesividad del mero contacto íntimo entre órganos tras la retirada del condón[238], en los casos donde dicha retirada resulte en un coito, la responsabilidad meramente civil puede ser insuficiente. Este enfoque minimiza el impacto de la conducta y no refleja adecuadamente la gravedad de la situación.

El reconocimiento del "Stealthing" como un supuesto de responsabilidad meramente civil también puede ser cuestionado desde la relevancia que ostenta el bien jurídico de la libertad sexual, el cual tiene un estrecha relación con derechos humanos inherentes a la persona como al dignidad y libre desarrollo de la personalidad[239], siendo ello lo que lo hace merecedor de especial protección, justificando así que la mayoría de ordenamientos jurídicos del mundo lo protejan desde la perspectiva penal.

Si bien el Derecho Penal es considerado como de ultima ratio, lo que significa que es el último instrumento al que puede acudir la sociedad para la protección de ciertos bienes jurídicos[240], esto también supone que actúa solamente para proteger los bienes jurídicos más relevantes para una sociedad[241], dentro de los cuales no solo se encuentra la libertad sexual, sino también la libertad reproductiva y la integridad personal, los cuales también se pueden ver vulnerados por el fenómeno, tal y como quedó establecido en apartados previos.

A lo anterior debe sumársele el hecho que el artículo realizado por BRODSKY – base de para la inclusión del fenómeno en la legislación californiana – data del año 2017, donde los casos de "Stealthing" conocidos por las autoridades eran pocos. Sin

---

[236] De conformidad con el artículo 178.1 y 178.4 del Código Penal español.
[237] De conformidad con el artículo 179 del Código Penal español.
[238] Es necesario preguntarse si este supuesto merece sanción penal. Aunque el «Stealthing» es una forma de agresión sexual que puede implicar acceso carnal, no es equiparable a las violaciones tradicionales. Lo mismo podría aplicarse a otros casos en los que no haya penetración. En tales situaciones, podría considerarse que el "Stealthing" es un supuesto menos grave entre todos los actos sexuales sin consentimiento.
[239] Al respecto, revísese el apartado denominado "La libertad sexual como bien jurídico protegido".
[240] CARNEVALI RODRÍGUEZ, Raúl. "Derecho penal como ultima ratio. hacia una política criminal racional". *Op. cit.* Pág. 13.
[241] Ídem.

embargo, a la fecha de presentación del proyecto de ley, es decir, para el año 2021, ya se contaba con ciertas providencias judiciales en otros países, como por ejemplo con la SJI 2/2019, de 15 de abril[242], que sancionó el hecho, si bien con pena de multa, como un delito[243].

Igualmente, ya existían ciertos documentos emitidos por autoridades internacionales que llaman a los Estados a entender el hecho como delito, siendo un ejemplo de ello el Manual para la Judicatura sobre Respuestas Eficaces de la Justicia Penal ante la Violencia de Género contra Mujeres y Niñas de la Oficina de las Naciones Unidas contra la Droga y el Delito (UNODC) del año 2019. El mencionado manual hace referencia al "Stealthing" con el propósito de abogar por una perspectiva en la que, dentro del ámbito penal, las agresiones sexuales no se basen en el uso de violencia o intimidación, sino en la falta de consentimiento, haciendo un llamado los Estados para entender dichos supuestos como penalmente reprochables[244].

Con todo, podría afirmarse que la legislación californiana no le brinda la suficiente importancia al fenómeno y su abordaje a la luz de la jurisdicción civil parece consecuencia de una falta de información y estudio profundo del verdadero impacto que la conducta puede generar. Esto no implica per sé que el tratamiento del acto deba adelantarse de forma desproporcional, ni la necesidad absoluta de la imposición de una pena privativa de la libertad para sancionarlo, pero si el reconocimiento de su entidad como un atentado que, por sí mismo, es generador de afectaciones a bienes jurídicos que merecen una especial protección.

2. El "Stealthing" como un supuesto de responsabilidad penal

2.1. El caso español

España se destaca como uno de los países líderes en el tratamiento del «Stealthing» a la luz de la jurisdicción penal, dado que cuenta con varios fallos judiciales relacionados con este concepto. Entre ellos, merecen especial atención los siguientes:

La SJI 2/2019, de 15 de abril

El primer caso de «Stealthing» registrado en España ocurrió en la ciudad de Salamanca. En este incidente, un hombre mantenía relaciones sexuales con una mujer y, tras haber usado un preservativo, se colocó otro que posteriormente retiró sin el consentimiento de la mujer. Cuando esta se percató de lo sucedido, abandonó el lugar y presentó su denuncia.

---

[242] 1/2019. Juez: Juan Rollan García. 15 de abril de 2019. ECLI:ES:JI:2019:1.

[243] La presente providencia será objeto de estudio a profundidad más adelante.

[244] ONU. Oficina contra la Droga y el Delito (UNODC). "Manual para la Judicatura sobre Respuestas Eficaces de la Justicia Penal ante la Violencia de Género Contra Mujeres y Niñas". Pág. 107. [Consulta: 1 de mayo de 2024].
https://www.unodc.org/documents/justice-and-prison-reform/Manual_para_la_judicatura_sobre_respuestas_eficaces_de_la_justicia_penal_ante_la_VGMN_FINAL.pdf

En la presente situación, el Juzgado de Instrucción de Salamanca procedió a catalogar la conducta como "Stealthing", definiéndola como aquella en virtud de la cual *"aplicada al acto sexual significa el comportamiento que adopta un hombre al quitarse el preservativo de forma no consensuada, sin que su pareja sexual se dé cuenta durante la relación sexual[245]"*.

El juzgado señaló que la conducta no podía ser considerada como una agresión sexual, regida anteriormente por el artículo 178 del Código Penal, ni como una violación, regulada en el artículo 179 del mismo estatuto, ya que estos tipos penales requerían la presencia de violencia e intimidación para su configuración. Sin embargo, determinó que el hecho se ajustaba al tipo de abuso sexual establecido en el literal 1 del artículo 181, el cual sancionaba la realización de cualquier acto sexual que afectara la libertad o indemnidad sexual de las personas sin su consentimiento. Como resultado, el acusado fue condenado a pagar una multa de 12 meses, al considerar que su acción afectó el bien jurídico de la indemnidad sexual[246].

Nótese como el juzgado de instancia descarta la posibilidad de que el "Stealthing" pueda ser considerado como un delito que encaje en tipos penales cuya configuración depende de la existencia de violencia e intimidación, subsumiéndolo en aquel que incluye dicho concepto como elemento normativo del tipo. De la misma manera, evidénciese como, aunque el "Stealthing" es considerado como un acto sexual que atenta contra la libertad sexual[247], merecedor de reproche penal, es sancionado con pena de multa, a pesar de que el artículo brindaba la facultad de imponer una pena de prisión de uno a tres años.

Lo anterior parece guardar correspondencia con los postulados de PASCUAL, que consideran que el "Stealthing" debe ser analizado desde el punto de vista del retiro del preservativo mas no desde la penetración que supone, ya que esta última si fue autorizada por la víctima. En consecuencia, el juzgador de instancia decidió tratarlo como un abuso sexual sin consentimiento de aquellos que no implican un coito, independientemente del acceso carnal realizado, razón por la que decide sancionar por el artículo 181.1 que contemplaba los abusos sexuales sin consentimiento y no por el 181.4 que regulaba los abusos sexuales con acceso carnal.

SAP SE 1459/2020, de 29 de octubre y la STSJ AND 12396/2021, de 01 de julio

Se podría que decir que las sentencias indicadas son las más relevantes a nivel de "Stealthing" en España, las cuales abordan los siguientes hechos: un hombre y una mujer mantenían relaciones sexuales frecuentemente. A pesar de que el hombre había informado a la mujer sobre estarse realizado tratamiento médico para el control de una infección genital, acordaron encontrarse en el vehículo de ella con el

---

[245] SJI 1/2019. Juez: Juan Rollan García. 15 de abril de 2019. ECLI:ES:JI:2019:1.

[246] Aunque parece que el juez quería decir Libertad sexual. Es decir, parece que este error, grave, no es de conocimiento sino de mera redacción en el texto de la providencia.

[247] Erróneamente llamado indemnidad sexual por el juzgado de instancia.

propósito de mantener relaciones sexuales. No obstante, la mujer insistió en que el hombre utilizara preservativo, e incluso le entregó uno estando ya dentro del auto. Sin embargo, él no lo utilizó en ningún momento y procedió con la penetración vaginal sin informarle a ella, quien creyó erróneamente que él estaba protegido. Como consecuencia la mujer contrajo una Infección de Transmisión Sexual.

Aunque las referidas sentencias también consideraron aplicable el artículo 181.1 del Código Penal español, es decir, el delito de abuso sexual, la SAP Sevilla 1459/2020 aclara que el bien jurídico afectado por el "Stealthing" no es la indemnidad sexual – como erróneamente había indicado la providencia anterior – sino la libertad sexual, pues es este bien jurídico el que *"protege la libertad en su vertiente de autodeterminación sexual, como capacidad de toda persona adulta de decidir realizar o no determinadas conductas o mantener o negarse a mantener, relaciones sexuales concretas con otros, lo que se conecta directamente con los derechos inherentes a la dignidad de la persona y al libre desarrollo de la personalidad en materia sexual[248]"*.

Con dichos parámetros, entendió que la mujer había consentido exclusivamente una relación sexual que incluía la penetración vaginal con condón, de manera que, con la conducta perpetrada por el acusado se atacó gravemente su libertad sexual, pues implicó mantener un contacto sexual que esta no había consentido, lo cual reforzó diciendo: *"Es una constante en nuestra Jurisprudencia que el consentimiento otorgado para una determinada actividad sexual no puede extenderse unilateralmente por el otro u otros actores a distintas prácticas o relaciones[249]"*.

Lo anterior fue ratificado cabalmente por la STSJ AND 12396/2021, la cual ha precisado lo siguiente: *"Como expone con detalle el tribunal a quo, la acción consistente en prescindir de preservativo durante todo o parte de una relación sexual, pese a haber sido pactado o impuesto por la pareja como condición al prestar el consentimiento, conocida en la doctrina científica y de los tribunales con la denominación anglosajona stealthing, constituye un atentado a la libertad sexual de la otra persona partícipe en la relación en cuanto ésta no ha consentido cualquier suerte, forma o condiciones de contacto sexual, sino que ha impuesto como límite o condición el uso de protección mediante preservativo[250]"* [251].

---

[248] SAP SE 1459/2020. MP. Carlos Luis Lledo González. 29 de octubre de 2020. ECLI:ES:APSE:2020:1459.

[249] Ídem.

[250] STJ AND 186/2021. Sección cuarta. MP. Rafael García Laraña. 01 de julio de 2021. ECLI:ES:TSJAND:2021:12396.

[251] Y recientemente esto también fue ratificado por el Tribunal Supremo Español. Aunque no ha salido oficialmente la sentencia, al respecto EL PAÍS. "El supremo establece que quitarse el preservativo a escondidas o engañar a la pareja simulando que lo usa es delito". Publicado el 29 de mayo de 2024. [Consulta: 29 de mayo de 2024] https://elpais.com/sociedad/2024-05-29/el-supremo-establece-que-quitarse-el-preservativo-a-escondidas-o-enganar-a-la-pareja-si-mulando-que-se-usa-es-delito.html ha sostenido que el Tribunal Supremo ha confirmado la condena de para este caso y ha precisado que el "Stealthing" es una agresión de índole sexual.

Ahora bien, llama la atención que, además del 181.1 las sentencias mencionadas consideraron aplicable el artículo181.4 que recogía el delito de abuso sexual con acceso carnal. En este evento, pareciera que la jurisprudencia española decide cambiar de criterio respecto a la SJI Salamanca, la cual, aunque con una argumentación vaga, aparentemente entendía que el desvalor del "Stealthing" es independiente al acceso carnal que supone, eso sí, siempre que la penetración tenga lugar por la vía pactada y en el órgano acordado. No obstante, en el presente caso, los juzgadores adoptan la perspectiva que entiende que el "Stealthing" constituye un acto sexual que, al implicar un acceso carnal, lo hace asimilable a los casos de violación[252].

Por otra parte, la situación abordada en estas decisiones judiciales es especialmente relevante porque como resultado de la conducta de «Stealthing» la víctima además contrajo una infección de transmisión sexual. Por esta razón, el acusado fue también condenado por el delito de lesiones según lo establecido en el artículo 147.1 del Código Penal español. Para los jueces, las lesiones causadas por el sujeto se produjeron, al menos, con dolo eventual, dado que el individuo era consciente de que estaba infectado y, sin embargo, optó por retirar el preservativo, evidenciando una clara representación de la posibilidad del resultado y su aceptación.

Finalmente, llama la atención el análisis que realiza la SAP Sevilla sobre la aplicación del agravante de discriminación por género reconocido en el artículo 22.4 del estatuto penal español. Al respecto, luego de un recorrido por normatividad internacional y jurisprudencia nacional sobre lo que se entiende por género, concluye en que dicho concepto hace referencia a los papeles o roles atribuidos socialmente a hombres y mujeres como propios. Por lo tanto, la diferencia entre hombres o mujeres va más allá de lo biológico, respondiendo también a situaciones históricas, sociales y culturales. De dichas diferencias surgen estereotipos negativos que conllevan a actos discriminatorios en contra de personas del sexo contrario. En consecuencia, la razón del agravante es sancionar las conductas que se realizan con dichos fines discriminatorios, para lo cual deberá acreditarse cuál es el rol desigual o la motivación discriminatoria que impacta en la conducta que se enjuicie.

No obstante lo anterior, en el análisis del caso concreto realizado por el juzgador de instancia se indicó que no se avistaba la existencia de ningún elemento de dominación o machismo contra la víctima, aclarando que el agravante no aplica solamente por el hecho de que esta sea mujer. En este contexto, el caso hace referencia al sostenimiento de relaciones sexuales entre adultos, de manera igualitaria y con la participación inicial libre y voluntaria de ambos, sin que haya prueba de elementos que indiquen la presencia de circunstancias que den lugar a la configuración del agravante.

De todas maneras, al respecto vale precisar que autores como PASCUAL afirman que la concepción netamente subjetivista del enfoque de género adoptado por la

---

[252] Al respecto revísese el apartado denominado "La teoría que entiende el "Stealthing" como un acto sexual distinto al inicialmente consentido" y siguientes.

SAP Sevilla en su momento ya ha sido matizada por providencias posteriores[253], por lo que, a su juicio, realmente bastaría con acreditar que los hechos comportan circunstancias de las cuales se puede deducir una *"manifestación grave y arraigada de desigualdad que perpetúa los roles asignados tradicionalmente a los hombres y las mujeres, conformados sobre el dominio y la superioridad de aquellos y la supeditación de ésta[254]"*.

Lo anterior es relevante en la medida que resalta que el "Stealthing" no es una conducta ajena a ser realizada o motivada por razones de género. De hecho, BRODSKY señala que algunas personas que participaron en los blogs estudiados por ella, defienden esta práctica argumentando el supuesto derecho del hombre a «esparcir su semilla», incluso si ello no resulta en un embarazo[255]. Esto claramente demuestra que esta acción puede estar impulsada o justificada por la falsa creencia en la superioridad masculina. Por lo tanto, en estas situaciones el juez debe proceder con especial cautela en su condena, evitando así que se perpetúen los roles de género que dan lugar a la discriminación de las mujeres.

Con todo, en el caso objeto de estudio el acusado fue condenado a cuatro años de prisión por el delito de abuso sexual con acceso carnal y a seis meses como consecuencia del delito de lesiones. Nótese la diferencia entre el primer caso de "Stealthing" abordado por la SJI Salamanca y este, pasando de una pena de multa de 12 meses solamente a una de prisión de cuatro años.

Si bien la referida condena es basada en el grave reproche que merece el realizar un acceso carnal sin consentimiento, lo cierto es que se desdibuja la proporcionalidad de las penas como principio fundamental del Derecho Penal[256], las cuales deben atender al verdadero desvalor de la conductas, recalcado, como se ha sostenido con anterioridad, que el "Stealthing" no es igual a cualquier tipo de violación, no tiene el mismo desvalor y no debe sancionarse equivalentemente.

SAP M 1/2024, de 12 de enero

Este es el caso más reciente de "Stealthing" en España, cuyos hechos tuvieron lugar en el año 2022 e involucran a una mujer y un hombre, quienes se encontraban

---

[253] Como en las: STS 509/2021. MP. Eduardo de Porres Ortiz de Urbina. de 10 junio, de 2021. ECLI:ES:TS:2021:2547; STS 59/2021. MP. Julián Artemio. Sánchez Melgar. de 27 de enero de 2021. ECLI:ES:TS:2021:458; STS 571/2020. MP. Julián Artemio Sánchez Melgar. de 3 de noviembre de 2020. ECLI:ES:TS:2020:3975.

[254] PASCUAL, Gili. *Op. cit.* Pág. 107.

[255] BRODSKY, Alexandra. *Op. cit.* Pág. 189.

[256] En relación con este principio, YENEISSEY ROJAS, Ivonne. "La proporcionalidad de las penas". *Revista el mundo del abogado.* No. 35. 2008. Pág. 86: *"Se trata de un principio de carácter relativo, del cual no se desprenden prohibiciones abstractas o absolutas, sino sólo por referencia al caso concreto, dependiendo de la relación medio a fin que, eventualmente, guarde el gravamen de la libertad con los bienes, valores y derechos que pretenda satisfacer. Es un principio que compara dos magnitudes: medio y fin".*

sosteniendo relaciones sexuales con penetración vaginal. En un momento dado, la mujer se percata de que el hombre no llevaba puesto el preservativo, a pesar de que ella le había solicitado que lo utilizara, razón por la que decide interrumpir el acto sexual, ducharse y marcharse[257].

En el presente evento también se condenó por el artículo 181.1 y 4, referido a los antiguos abusos sexuales, debido a la aplicación del principio de favorabilidad, pues los hechos tuvieron lugar con anterioridad al cambio de legislación, pero la sentencia deja claro que, bajo la nueva normatividad introducida por la LO 10/2022[258], el "Stealthing" se sancionará con base en los artículo 178.1 y 179.1.

No obstante, lo anterior sigue siendo problemático, ya que como ha quedado establecido a lo largo de este escrito, el consentimiento para un acto sexual concreto no puede entenderse como general a cualquier contacto sexual futuro, lo que implica considerar el "Stealthing" como un supuesto diferente al autorizado. Sin embargo, esto no obsta para entender su equivalencia con otros escenarios que, por su naturaleza, son mayormente reprochables, como los casos que tradicionalmente son sancionados por el artículo 179.1. Esto lo consideran incluso los teóricos como CASTELLVÍ MOSERRAT y COCA VILA, quienes reconocen que abordarlo de esta manera es desproporcionado[259].

Ahora bien, a la luz de la teoría de disociación del objeto del consentimiento propuesta por PASCUAL[260], se podría considerar la posibilidad de subsumir la conducta en el artículo 178.1 que sanciona el hecho de realizar cualquier acto sexual sin el consentimiento de una persona, el cual además brinda la posibilidad de solamente establecer una pena de multa al condenado en virtud de la menor gravedad de su actuar, similar a lo que sucedía con el artículo 181.1 de la legislación anterior. Acá el juez tendrá la posibilidad de reprochar el hecho, pero solo con base en el acto del retiro del condón, el cual no fue consentido, con independencia a la penetración que sí fue autorizada, tal y como pasaría si se presentara el caso de una eyaculación sin consentimiento[261].

Sin embargo, la problemática de la solución anterior se basa en que, como dijimos, el retiro del condón sin consentimiento por sí solo no es suficiente para ser

---

[257] SAP M 1/2024. MP. María De Los Ángeles Montalva Sempere. 12 de enero de 2024. ECLI:ES:APM:2024:1.

[258] «BOE» núm. 215, de 07 de septiembre de 2022.

[259] Al respecto consúltese el capítulo I de este escrito.

[260] PASCUAL. Gili. *Op. cit.* Pág. 116.

[261] Esta es la posición también adoptada por algunos magistrados del Tribunal Supremo Español, quienes al parecer presentaran voto particular en la sentencia que emita este órgano respecto del "Stealthing" en los próximos días, tal y como lo ha establecido EL PAÍS. "El supremo establece que quitarse el preservativo a escondidas o engañar a la pareja simulando que lo usa es delito". Publicado el 29 de mayo de 2024. [Consulta: 29 de mayo de 2024] https://elpais.com/sociedad/2024-05-29/el-supremo-establece-que-quitarse-el-preservativo-a-escondidas-o-enganar-a-la-pareja-simulando-que-se-usa-es-delito.html

reprochado penalmente, sino que debe analizarse atado a la penetración para que el atentado realmente se configure[262]. Otra cosa es que ello no obste para que el fenómeno sea considerado como equivalente a una violación tradicional, es decir, en la que, por ejemplo, nunca media consentimiento. A este inconveniente debe sumársele el hecho de que el Código Penal español no contempla un agravante para sancionar mayormente los casos en que como resultado de una agresión sexual se genere un embarazo, circunstancia que podría seguir quedando en el olvido, o más bien, continuar sin recibir la atención que merece, y aunque la posibilidad de concurso con el delito de lesiones sigue abierta, como se demostró, esto no es una tendencia.

Por lo tanto, en consideración de que el "Stealthing" es un delito que supone un acceso carnal, pero que es realizado en circunstancias especiales, debe ser tratado de manera particular, atendido al reproche que merece y de manera diferente a otras circunstancia mayormente desvaloradas. En consecuencia, surge la necesidad de creación de un tipo penal independiente. Para determinar en qué sentido debe ir el dicho tipo penal, a continuación analizaremos los proyectos de ley de algunos países latinoamericanos que le han apostado a esta alternativa.

2.2. Los proyectos de ley de los países latinoamericanos

Los países latinoamericanos han intentado abordar el fenómeno del «Stealthing» a partir de la creación de un tipo penal autónomo e independiente que recoja el desvalor del mismo. La adopción de esta perspectiva tiene su base en dos motivos principales, el primero, debido a que el fenómeno ya se ha presentado en varios de estos países. Ejemplos de ello son la acusación hecha por la saxofonista mexicana Elena Ríos al conocido actor Tenoch Huerta por retirar el condón durante una relación sexual sin su consentimiento[263], así como el caso brasileño en donde se presentó una denuncia por «Stealthing», la cual fue archivada por imposibilidad de encajarla dentro de los tipos penales existentes en el país[264].

En segundo lugar, porque varios de estos países[265] aún contemplan una protección penal al bien jurídico de la libertad sexual cimentada en la existencia de violencia e intimidación y no prevén otros tipos penales en los que prime el consentimiento, lo que hace imposible la configure de un delito en estos eventos, dejando a las víctimas de esta situación a la deriva.

---

[262] CASTELLVÍ MONSERRAT, Carlos. *Op. cit.* Págs. 205-206.

[263] GUILLEN, Beatriz. "Elena Ríos acusa al actor Tenoch Huerta de quitarse el condón sin avisar durante una relación sexual". El país. [Consulta: 03 de mayo de 2024. https://elpais.com/mexico/2023-06-16/elena-rios-acusa-al-actor-tenoch-huerta-de-quitarse-el-condon-sin-avisar-durante-una-relacion-sexual.html

[264] BARRUCHO, Luis. «Se quitó el condón y confesó, pero la justicia no lo castigó»: el caso de una brasileña víctima de «stealthing». BBC News Brasil. [Consulta: 03 de mayo de 2024] https://www.bbc.com/mundo/noticias-61120122

[265] Por ejemplo: Chile, Brasil, Costa Rica y Colombia.

Por lo anterior, son varias las naciones que ya han presentado proyectos de ley con la finalidad de sancionar penalmente la conducta, sin que ninguna haya tenido éxito hasta el momento. No obstante, vale la pena resaltar las siguientes:

2.2.1. El proyecto de ley con número de expediente 21.513 tramitado en Costa Rica

El proyecto de ley con número de expediente 21-513 radicado en Costa Rica buscaba la adición un nuevo artículo al Código Penal mediante el cual se sancionara a quien *"se retire o dañe un preservativo u otro método profiláctico sin consentimiento expreso de todas las partes involucradas durante una relación sexual, en el acto de acceso carnal por vía oral, anal o vaginal[266]"*.

Adicionalmente, la conducta se agravaría si de la comisión de la misma resultare: i). Un embarazo, ii). El contagio de una o varias infecciones o enfermedades de transmisión sexual, iii). La víctima fuera una persona menor de edad, iv). La conducta se cometiere con el concurso de dos o más personas o v). Se produjere un daño psicológico grave a la víctima[267].

El proyecto de ley mencionado no fue sancionado ya que el plazo previsto para su tramitación legislativa expiró, lo que condujo a su archivo. Sin embargo, merece ser destacado por abordar completamente el grave problema del «Stealthing» incluyendo agravantes específicos cuando como consecuencia de la misma se generen otros resultados lesivos. Asimismo, resalta por equiparar el reproche del "Stealthing" a otras conductas que, aunque diferentes, su desvalor si es asimilable al mismo, como es el hecho de dañar o realizar agujeros al condón.

Aunque el "Stealthing" no requiere que la eyaculación suceda para ser considerado como un acto reprochable penalmente, como sí sucede en los casos de agujeros o daños al preservativo[268], lo cierto es que ambos eventos pueden configurar[269] un

---

[266] ASAMBLEA LEGISLATIVA. República de Consta Rica. "Dictamen afirmativo de mayoría". Cuarta Legislatura. 12 de octubre de 2021. Pág. 11. [Consulta 5 de mayo de 2024] https://d1qqtien6gys07.cloudfront.net/wp-content/uploads/2021/10/Dictamen_21513DICTAMEN-AFIRMATIVO-MAYORIA.pdf

[267] Ídem.

[268] Al respecto, CASTELLVÍ MOSERRAT, Carlos. *Op. cit.* Pág. 199: *"A los efectos de definir un acto sexual, los preservativos no son relevantes por la función que cumplen (sus efectos profilácticos), sino por la barrera física que implican; es decir, por su dimensión física. Esto hace que un preservativo pinchado sea, a estos efectos, equiparable a un preservativo que no lo está, pues, a nivel físico, la diferencia entre ambos es despreciable (aunque a nivel funcional exista una diferencia abismal). En este sentido, pinchar un preservativo tiene menos relevancia física que cambiar uno más grueso por otro más fino, ocultar la menstruación, etc. Si esto último es irrelevante para definir un acto sexual, el agujero en el preservativo tampoco podrá incorporarse a dicha definición. En consecuencia, el agujero en cuestión resultará insuficiente (al menos, por sí mismo) para apreciar un delito de agresión sexual. En todo caso, aunque pinchar un preservativo no afecte a la definición de la penetración vaginal subsiguiente (que seguirá siendo una «penetración vaginal con preservativo»), dicho pinchazo tiene el efecto de*

atentado contra la libertad sexual con características similares, ya que en los dos media una penetración inicialmente autorizada bajo determinadas condiciones que no son cumplidas. Además comparten el riesgo potencial de vulnerar la salud reproductiva y la integridad personal dependiendo de los resultados adicionales que pueden generar en las víctimas. Esto resulta más razonado que realizar una equivalencia entre el "Stealthing" y un acceso carnal totalmente inconsentido.

No obstante, la mayor problemática derivada de la iniciativa legislativa se evidencia en las penas propuestas para su sanción, las cuales son altas y desproporcionales, pues proponía imponer la misma que la contemplada para el delito de violación, regulado en el artículo 156 del Código Penal costarricense, es decir, una pena de prisión de seis a diez años. Esto equivale a seguir asimilando el "Stealthing" a cualquier tipo de acceso carnal, lo cual, como se expuso, no es correcto.

2.2.2. Iniciativa con proyecto de decreto al Código Penal para la ciudad de México

La propuesta legislativa de la Ciudad de México para sancionar el «Stealthing» resulta llamativa ya que buscaba introducir el artículo 159 bis al Código Penal. Sin embargo, el artículo 159 no se relacionaba con agresiones sexuales, sino que abordaba el tema del contagio de enfermedades infecciosas graves, y estaba ubicado dentro del capítulo destinado a prevenir el «peligro de contagio». En este contexto, la propuesta de inclusión del artículo 159 bis buscaba penalizaría a aquellos que, *sin el consentimiento de la parte legalmente autorizada, decidieran abstenerse, dejar de utilizar o dañar deliberadamente un método anticonceptivo de barrera durante las relaciones sexuales[270]"*.

La problemática propuesta se evidencia en que aunque es claro el riesgo de contraer ITS o ETS en los casos de «Stealthing», esto no siempre sucede, y como se ha destacado a lo largo de este estudio en varias ocasiones, la conducta sigue siendo re-prochable por sí sola. Por lo tanto, enfocar la sanción en relación con la protección a un bien jurídico que no siempre se verá afectado no resulta suficiente, ya que ello restaría importancia al aspecto principalmente perjudicial del hecho, esto es, el

---

permitir un contacto físico adicional: el que implica la eyaculación. Y, claro, dicho contacto podría ser relevante por sí mismo; al menos, si se estima que eyacular sin consentimiento (por ejemplo, omitiendo realizar la «marcha atrás») constituye una agresión sexual. En ese caso, pinchar un preservativo y realizar una penetración con él sería, como mínimo, una tentativa de agresión sexual. Al fin y al cabo, dicha penetración (con el preservativo pinchado) sería el preludio de un contacto físico no consentido: el del esperma con la vagina".

[269] Siempre que en los casos de agujeros o daños al condón medie la eyaculación.

[270] CONGRESO DE CDMX. "Proyecto de decreto por el que se reforma la denominación del capítulo II del título tercero, y se adiciona el artículo 159 bis, ambos al Código Penal para la ciudad de méxico, a fin de tipificar el stealthing o violencia de retiro de preservativos". 31 de octubre de 2023. Pág. 18. [Consulta: 05 de mayo de 2024] https://consulta.congresocdmx.gob.mx/consulta/iniciativa/vista/5694

atentado contra la libertad sexual.

De todas formas, el proyecto mencionado anteriormente tampoco fue sancionado y, al igual que el anterior, fue archivado el 15 de noviembre de 2023 sin lograr éxito alguno. De hecho, el pasado 09 de enero de 2024 en sesión extraordinaria, el Congreso de Ciudad de México derogó el artículo 159 del Código Penal y además modificó los artículos 76 y 130 con la finalidad de evitar la criminalización de quienes contagien enfermedades o infecciones de transmisión sexual[271].

2.2.3. El proyecto de ley C020 de 2022 tramitado en Colombia

2.2.3.1. El proyecto de ley C020 de 2022 como una iniciativa prometedora.

El proyecto de ley C020 de 2022 fue radicado el 22 de julio de 2022 con la finalidad de incluir, en primer lugar, un artículo 210-B al Código Penal vigente, que tipificara el delito de "abuso de confianza sexual" cuyo contenido sería el siguiente: *"Quien durante el acto sexual realice acceso carnal tras retirar de manera consciente un condón o preservativo del miembro viril sin el consentimiento verbal explícito de la otra persona, incurrirá en prisión de dos (2) a cuatro (4) años. A la misma sanción estará sujeto quien continúe una relación sexual tras retirar sin el consentimiento verbal explícito de la otra persona cualquier barrera de protección sexual como un condón femenino, diafragma, capuchones cervicales o esponjas anticonceptivas, entre otros[272]"*.

Del tipo penal propuesto se observa que se sanciona el acceso carnal, como verbo rector, tras retirar el condón o preservativo sin el consentimiento del otro sujeto involucrado en el acto. Se resalta que dicho preservativo puede ser también femenino, lo que implica que es una conducta que podría ser ejecutada tanto por mujeres como hombres. Como objeto material se encuentra el cuerpo de la persona que sufre un contacto corporal inconsentido y como objeto jurídico se prioriza la libertad sexual, al ser un tipo penal ubicado en el título destinado a proteger dicho bien jurídico. En consecuencia, parece ser una norma muy bien pensada.

Ahora bien, en lo que respecta a la pena asignada al delito, la misma parece ser la más proporcionada en relación con los demás proyectos analizados, ya que es sustancialmente diferente a la considerada para el delito de violación, la cual, según el

---

[271] CONGRESO DE CDMX. "Congreso CDMX deroga delito de peligro de contagio del Código Penal". [Consulta: 05 de mayo de 2024] https://www.congresocdmx.gob.mx/comsoc-congreso-cdmx-deroga-delito-peligro-contagio-codigo-penal-5065-1.html

[272] CONGRESO DE COLOMBIA. Proyecto de ley 020C/2022. "Por medio de la cual se tipifica el retiro sin consentimiento del preservativo o barrera de protección sexual durante las relaciones sexuales, se agrega un parágrafo al delito de acoso sexual y se dictan otras disposiciones". Pág. 1. 26 de septiembre de 2022. [Consulta: 08 de enero de 2024]. https://www.camara.gov.co/orden-del-dia-audiencia-publica-pl-0202022-c#:~:text=Audiencia%20P%C3%BAblica%20sobre%20el%20Proyecto,y%20se%20dictan%20otras%20disposiciones.

artículo 205 del Código Penal Colombiano, es de 12 a 20 años de prisión[273]. Por lo tanto, Colombia parece entender mucho mejor la tesis que se pretende demostrar con esta investigación, esto es que, a pesar de que la conducta supone un acceso carnal, ello no la hace equiparable a una violación tradicional sino que, por sus particularidades, merece un desvalor menor.

A lo anterior debe sumársele que la sanción propuesta es similar a la asignada en España para los actos sexuales no consentidos que no implican acceso carnal, a los que se les prevé una pena de uno a cuatro años de prisión[274] y la que anteriormente resaltamos por ser la que se asignaría a los casos de eyaculación no consentida, supuesto similar al "Stealthing".

En lo relacionado con la consecución de embarazos o contagios de ETS o ITS, Colombia ya tiene contemplado el artículo 211, el cuál agrava todas las conductas que atentan contra la libertad sexual en caso de que como producto de las mismas se materialicen los mencionados resultados, lo que terminaría recogiendo de manera adecuada el total desvalor derivado del "Stealthing".

No obstante, la problemática de la iniciativa legislativa se encuentra en el hecho de incluir la sanción del retiro de cualquier barrera de protección adicional como el diafragma[275]; capuchones cervicales[276]; o esponjas anticonceptivas[277]. Estos tres elementos comportan una naturaleza meramente anticonceptiva y ni siquiera previenen del contagio de ITS o ETS[278]. Dicha situación es altamente cuestionable ya que, a luz de los postulados expuestos, lo que hace al "Stealthing" ser entendido como un acto sexual diferente al inicialmente consentido está relacionado con la diferencia en el contacto corporal que supone[279]. Sin embargo, en estos casos, por la necesidad de ubicación de dichas barreras anticonceptivas en la pared del cuello uterino, el contacto entre la vagina y el pene sigue siendo el mismo al autorizado, esto es, una

---

[273] Que como ya vimos va de cuatro a doce años de prisión según el artículo 179 del Código Penal español.

[274] De conformidad con la lectura del artículo 178 del Código Penal español.

[275] El cual, según la ASOCIACIÓN ESPAÑOLA DE PEDIATRÍA. "Diafragma: Un método anticonceptivo". Publicado el 04 de noviembre de 2024. [Consulta: 11 de mayo de 2024]. https://en-familia.aeped.es/vida-sana/diafragma-un-metodo-anticonceptivo, consiste en una copa de silicona, en forma de plato, que cubre el cuello uterino impidiendo la entrada de los espermatozoides al óvulo.

[276] Los cuales, según PLANNED PARENTHOOD. "Capuchón Cervical". [Consulta: 11 de mayo de 2024] https://www.plannedparenthood.org/es/temas-de-salud/anticonceptivos/capuchon-cervical, consisten en copas de silicona en forma de gorra cuya finalidad es la misma, es decir, cubrir el útero impidiendo que los espermatozoides lleguen al óvulo.

[277] Las cuales según PLANNED PARENTHOOD."Esponja anticonceptiva". [Consulta: 11 de mayo de 2024] https://www.plannedparenthood.org/es/temas-de-salud/anticonceptivos/capuchon-cervical, son esponjas blandas que se introducen al cuello uterino con el mismo objetivo de impedir la entrada de espermatozoides.

[278] Ídem.

[279] CATELLVÍ MONSERRAT, Carlos. *Op. cit.* Pág. 195.

penetración vaginal sin el uso de preservativo. Diferentes son los casos del condón femenino, el cual contiene dos anillos, uno que ingresa a la vagina y cubre el cuello uterino y otro que permanece por fuera de la misma y sobre la vulva[280].

En todo caso, aunque la barrera de los métodos anticonceptivos mencionados fuera la misma que la del preservativo, la penalización de estos supuestos iría encaminada a proteger la salud reproductiva como bien jurídico principal, pues como quedó establecido, la libertad sexual no es protegida por los riesgos reproductivos que las conductas que la afectan puedan suponer. Por lo tanto, su tratamiento y estudio debe realizarse al margen del "Stealthing"[281].

Ahora bien, el proyecto de ley mencionado también proponía adicionar un parágrafo al artículo 210 A del Código Penal con la finalidad de sancionar con la misma pena del acoso sexual *«a quien cause contacto entre su órgano sexual, del cual haya retirado un preservativo»*. Es decir, con una pena de prisión de uno a tres años. Sin embargo, el «Stealthing» no implica hostigamiento ni el abuso de una condición de superioridad, como sí lo hacen los acosos sexuales[282], por lo que la inclusión de un parágrafo en este delito resultaría en una técnica legislativa desafortunada.

Adicionalmente, como mencionamos en el análisis de la legislación californiana, volvería a surgir la discusión sobre el verdadero desvalor de un mero contacto entre órganos tras la retirada del preservativo, especialmente si se parte de que el contacto sexual en el órgano en el que tuvo lugar y con la parte del cuerpo con la que se produjo fue inicialmente permitido, solo que mediante el uso del condón. En este caso, aplicaría la misma lógica para los eventos donde ocurre la penetración, es decir, dentro de todos los contactos sexuales sin consentimiento, este probablemente

---

[280] MEDLINEPLUS. "Condones femeninos". Última revisión el 01 de octubre de 2022. [Consultado el 20 de mayo de 2024]. Disponible en: https://medlineplus.gov/spanish/ency/article/004002.htm#:~:text=Estos%20condones%20encajan%20dentro%20de,vagina%20y%20cubre%20la%20vulva.

[281] Al respecto, CASTELLVÍ MOSERRAT. *Op. cit.* Pág. 195: *"una penetración vaginal con alguien que toma anticonceptivos orales no es un acto sexual distinto a una penetración vaginal con alguien que no toma dichos anticonceptivos: aunque los riesgos reproductivos de una y otra penetración no tienen nada que ver, el contacto físico que implican es exactamente el mismo. Teniendo en cuenta que los actos sexuales no se definen por sus riesgos reproductivos (sino, únicamente, por el contacto corporal que implican), lo uno y lo otro serán, en realidad, el mismo acto sexual. Precisamente por ello, quien finge tomar anticonceptivos orales para que otro consienta una penetración vaginal no comete una violación. Después de todo, el acto sexual realizado es, exactamente, el acto sexual consentido: una penetración vaginal. En este sentido, los anticonceptivos orales pueden ser la razón por la que se ha consentido ese acto sexual, pero no (re)definen su contenido porque, con o sin pastillas, el contacto corporal es el mismo"*.

[282] El artículo 210 A del Código Penal colombiano consagra: *Artículo 210 A. Acoso sexual. El que en beneficio suyo o de un tercero y valiéndose de su superioridad manifiesta o relaciones de autoridad o de poder, edad, sexo, posición laboral, social, familiar o económica, acose, persiga, hostigue o asedie física o verbalmente, con fines sexuales no consentidos, a otra persona, incurrirá en prisión de uno (1) a tres (3) años.*

tendría un reproche mucho menor a aquellos que parten de una ausencia de consentimiento absoluto, lo que lleva a cuestionar si dicho desvalor es suficiente, analizado en términos de lesividad, para justificar la intervención del Derecho Penal como instrumento de última ratio.

Con todo, la propuesta presentada en Colombia, al igual que en los casos anteriores, no prosperó, pero en este caso debido a que el Consejo Superior de Política Criminal Colombiano[283] le emitió un concepto desfavorable que merece ser analizado.

2.2.3.2. Crítica al concepto desfavorable del CSPC sobre el proyecto de ley C020 de 2022.

El concepto desfavorable emitido por el CSPC para el proyecto de ley C020 de 2022 inicia indicado que en la iniciativa no se presentan evidencias en las que se constante que el retiro del condón sin consentimiento sea una problemática actual en nuestro país, pues los datos y estadísticas mencionados en el proyecto son realizados en otros países y no en Colombia, sin que estos puedan ser tenido en cuenta ya que las mismas desconocen ciertos factores de incidencia en términos de criminalidad como el género, la raza, la clase social, entre otros[284].

En el mismo sentido, consideró que el proyecto de ley vulnera el principio de última ratio del Derecho Penal, ya que no se sustentó porque otras alternativas menos lesivas no son suficientes para contrarrestar la problemática. Por ejemplo, no se indicó porque las campañas de educación y concientización sobre la importancia de consentimiento en las relaciones sexuales no son adecuados para combatir la situación[285].

El CSPC además sostuvo que el mayor desvalor derivado de la conducta relacionada con el retiro del condón sin consentimiento ya se encontraba cobijado por numeral 3 del artículo 211 del Código Penal, el cual agrava la pena de los delitos sexuales si como consecuencia de los mismos se causa el contagio de un enfermedad de transmisión sexual[286].

Finalmente, indicó que la situación propuesta representa una dificultad probatoria, ya que es solo la víctima quien puede dar fe de la conducta si ésta llegare a ocurrir, lo cual no es suficiente a la hora de demostrar la comisión de un injusto penal.[287]

No obstante, son varias las consideraciones que pueden realizarse respecto de todos los argumentos en los que se basó el concepto descrito. En primer lugar, se evidencia

---

[283] En adelante CSPC.
[284] CONSEJO SUPERIOR DE POLÍTICA CRIMINAL. "proyecto 020c de 2022, 2023". Pág. 1. [Consulta: 13 de mayo de 2024].
https://www.politicacriminal.gov.co/Portals/0/Conceptos%20CSPC/2023/15.%20CSPC%20PL%20020%20de%202022%20C-Uso%20Preservativo.pdf
[285] Ídem.
[286] Ibidem Pág. 2.
[287] Ídem.

que el CSPC no aborda la cuestión del consentimiento sexual al analizar la necesidad de sancionar el "Stealthing". En lugar de esto, exige la demostración de estadísticas relacionadas con el problema en nuestro país y la necesidad de acreditar que los programas de concientización no son suficientes para prevenir la situación. De esta manera, elude enfocarse en el elemento fundamental de los atentados contra la libertad sexual, ya que en el contexto de agresiones sexuales, basta con demostrar la ausencia de consentimiento válido para que se entienda la lesión del bien jurídico protegido. Este bien jurídico, debido a su relevancia y su estrecha relación con el derecho al libre desarrollo de la personalidad y dignidad humana, merece especial protección, razón por la que ha sido considerado como merecedor de reproche penal[288].

En este sentido, el inconveniente central del concepto emitido radica en la falta de comprensión del bien jurídico de la libertad sexual, lo que lleva a la afirmación de que no se justifica la necesidad de tipificar la conducta. Estas afirmaciones además contrarían los estándares internacionales en la materia, los cuales, como ya ha quedado establecido, van encaminados a que la protección de los derechos de las víctimas de agresiones sexuales se realice desde el análisis de su voluntad, siendo esto el elemento principal que debe fungir en la redacción de los tipos penales encaminados a sancionar dichas agresiones[289].

Ahora bien, al considerar que el "Stealthing" no es un supuesto que deba tipificarse penalmente además se sigue contribuyendo a la ausencia de datos estadísticos que confirmen la existencia del fenómeno en Colombia, ya que la falta de reconocimiento del consentimiento como elemento fundamental para constituir delitos sexuales puede llevar a que las víctimas no perciban la conducta como reprochable, razón por la que deciden no denunciar. Esto se debe a la creencia de que para que se considere un atentado contra la libertad sexual debe haber violencia o intimidación, una idea que se está reforzando de manera altamente cuestionable[290], contribuyendo así a la

---

[288] Como quedó establecido en el capítulo I de este documento.

[289] Como lo indica ARROYO, Roxana y VALLADARES, Lona. *Violencia sexual contra las mujeres*. Edición Gilma Andrade Moncayo, Proyecto regional Corte Penal Internacional y Justicia de Género, La Morada, Corporación Promoción de la Mujer, Serie Documentos Técnico Jurídicos, 2005.Pág. 407. *"En la elaboración de los tipos penales es preciso utilizar términos estrictos y unívocos que acoten claramente las conductas punibles, dando pleno sentido al principio de legalidad penal".*

[290] Y contario a la solicitud de la ONU. Oficina contra la Droga y el Delito (UNODC). "Manual para la Judicatura sobre Respuestas Eficaces de la Justicia Penal ante la Violencia de Género Contra Mujeres y Niñas". Pág. 107. [Consulta: 1 de mayo de 2024]. https://www.unodc.org/documents/justice-and-prison-reform/Manual_para_la_judicatura_sobre_respuestas_eficaces_de_la_justicia_penal_ante_la_V GMN_FINAL.pdf en el que se aboga por una perspectiva en la que los delitos sexuales no se basen en el uso de violencia o coerción, sino en la falta de consentimiento. De este modo, destaca la complejidad que enfrentan algunos sistemas legales al establecer la comisión de un delito ante la ausencia de violencia y cuando la víctima no manifiesta resistencia expresa, a pesar de no desear el acto

impunidad. En palabras de SÁNCHEZ ÁVILA: *"es así como la impunidad que se crea dentro de los actos de violencia sexual generan un ambiente en el que, con el pasar del tiempo, estos hechos empiezan a considerarse normales, aceptables y no delictivos, y las mujeres no buscan justicia porque saben que no la conseguirán y, por otra parte, serán revictimizadas[291]"*.

Por otra parte, frente al argumento relacionado con la dificultad probatoria que el "Stealthing" supone, vale la pena indicar que, en Colombia, rige el principio de libertad probatoria que se desprende del artículo 373 del Código de Procedimiento Penal[292], el cual establece que los hechos del caso podrá probarse por cualquier medio técnico o científico que no viole los derechos humanos. Este principio tiene su base en el derecho constitucional al debido proceso reconocido en el artículo 29 de la Constitución Política Colombiana[293], el cual reconoce el derecho a presentar y controvertir las pruebas.

En relación con la restricción a un medio de prueba específico, la Corte Constitucional en la sentencia T-395 de 2003[294] establece que ello no es posible, salvo en eventos que dicha restricción esté justificada en razones constitucionales válidas. En consecuencia, por regla general los hechos de un caso pueden ser demostrados por cualquier vía que resulte idónea. En el mismo sentido la Corte Suprema de Justicia, Sala Penal, en sentencia No. 35080 de 2011, ha sostenido que, del principio de libertad probatoria se desprende que no solo que no existen criterios cualitativos sino tampoco cuantitativos que determinen el número mínimo o máximo de medios probatorios que se deben presentar en juicio, por lo que la determinación del delito y su responsable puede operar, incluso, a través de una sola prueba analizada al tenor de las reglas de la sana crítica[295].

Específicamente frente al caso de delitos sexuales, la Corte destaca la dificultad de exigir múltiples pruebas en estos eventos, ya que en ocasiones las conductas perpetradas no dejan rastro o, si lo hacen, con el transcurso del tiempo, este se borra. Por consiguiente, al final es entendible que solamente se cuente con el testimonio de la víctima, el cual considera como prueba suficiente para rebatir la presunción de inocencia, dado que es la víctima la persona respecto de la cual se llevó a cabo el delito, en su presencia y sobre su cuerpo, así como porque dichas conductas suelen tener lugar en ámbitos privados[296]. En todo caso, vale resaltar que, en los casos de "Stealthing" también pueden incluirse pruebas periciales que evalúen la presencia de fluidos en los distintos órganos de la víctima, cualquier otro testimonio de quien conozca a los involucrados y pueda declarar al respecto y los mensajes o comunicaciones sostenidos entre la víctima y la persona acusada si los hay.

---

sexual
[291] SÁNCHEZ ÁVILA Luz K. *Op. cit.* Págs. 91-120.
[292] Ley 906 de 2004. D.O No. 45.658 de 1 de septiembre de 2004.
[293] Constitución Política de Colombia. 07 de julio de 1991. 2da Ed. Legis. Artículo 29.
[294] CORTE CONST. T-395/2003. M.P. Marco Gerardo Monroy Cabra. 15 de mayo de 2003.
[295] CSJ. 35080 de 2011. Sigifredo Espinosa Pérez. 11 de mayo de 2011.
[296] Ídem.

Finalmente, con respecto al argumento que menciona que el inciso tercero del artículo 211 del Código Penal ya aborda el desvalor inherente a contagiar una enfermedad de transmisión sexual después de cometer un acceso carnal, debe resaltarse la ausencia absoluta de comprensión por parte del CSPC de la importancia y las consecuencias del fenómeno. Esta conducta, claramente diferente, no encaja en los tipos penales existentes en Colombia, ya que estos se basan en la violencia e intimidación, mientras que el «Stealthing» implica discreción[297]. Por lo tanto, las circunstancias agravantes del artículo 211 no le son aplicables. Esto nuevamente resalta la necesidad de evolucionar en pro de un derecho penal que realmente garantice los derechos a las víctimas, lo que implica cambiar la manera en que los delitos sexuales son entendidos en Colombia.

En conclusión, aunque el proyecto de ley C020 de 2022 mostraba ciertas deficiencias, las objeciones del CSPC van más allá de esos aspectos y se basan en la falta de comprensión del fenómeno así como en su impacto a la libertad sexual. Por lo tanto, es esencial que el marco legal colombiano avance para proteger adecuadamente a las víctimas de agresiones sexuales, garantizando su derecho al libre desarrollo de la personalidad y a la dignidad humana, y reconociendo la ausencia de consentimiento como una violación grave de estos derechos, lo que sin duda repercutirá en poder entender el "Stealthing" como un supuesto merecedor de reproche penal.

3. Consideraciones finales sobre la sanción penal del "Stealthing"

Como se desprende del estudio realizado en el presente documento, el "Stealthing" constituye una conducta que consiste en un acto sexual distinto al inicialmente consentido, ya que supone un contacto corporal diferente al autorizado. En consecuencia, debido a que el consentimiento es un pilar fundamental del bien jurídico libertad sexual, cuando dicho acto se ejecuta, se vulnera la capacidad de decisión libre y voluntaria reconocida a toda persona sobre su sexualidad. Por consiguiente, siempre que el fenómeno se presente en el marco de una relación de índole sexual, habrá un atentado contra el bien jurídico de la libertad sexual, con independencia de los resultados lesivos adicionales que el hecho pueda generar.

Por lo anterior, lo primero que deberá recoger el tipo penal que sancione el "Stealthing" es el desvalor que supone la vulneración a la libertad sexual de la víctima, pero de una manera proporcionada con base en las características propias de la conducta, lo cual implica comprender que esta se da en el marco de un coito inicialmente consentido, en la parte del cuerpo pactada y por el órgano autorizado, pero de una manera diferente a la consensuada. En consecuencia, aunque la conducta es altamente reprochable, es distinta a aquellos actos sexuales en los que nunca medió consentimiento alguno o en el que se penetró una parte del cuerpo diferente a la inicialmente permitida.

---

[297] GARCÍA, María F. "Complejidades del "no es no": un análisis del stealthing como fenómeno que afecta la autonomía sexual y el consentimiento personal". *Revista jurídica de la Universidad de Palermo*. No.1. 2020. Pág. 118.

No obstante, evidenciamos que la tarea de tipificar el "Stealthing" bajo estas condiciones no resulta fácil, ya que todas las iniciativas legislativas estudiadas al respecto presentaban serios problemas por fallas de redacción, falta de entendimiento del fenómeno y desproporcionalidad de la pena prevista para sancionarlo. Sin embargo, basándome principalmente en el proyecto de ley C020 de 2022 tramitado en Colombia, aunque con modificaciones, y de conformidad con los postulados esgrimidos a lo largo del presente escrito, sugiero que se sancione a quien, durante el acto sexual realice acceso carnal tras retirar de manera consciente un preservativo, sin el consentimiento de la otra persona involucrada en el acto. Igualmente, a la persona que realice acceso carnal con otro a quien le haya retirado un preservativo o condón sin su consentimiento.

Considero que dicha propuesta recoge la definición de "Stealthing" de manera adecuada, ya que quedó establecido que la conducta no puede reprocharse de manera aislada al acceso carnal que supone sino que, de hecho, ello es lo que genera su desvalor[298]. De la misma manera, reconoce que tanto hombres como mujeres puedan ser sujetos activos y correlativamente pasivos del delito, pues ha quedado claro que este puede ser ejecutado por cualquier persona, pero siempre reconociendo que las principales afectadas por la misma son las mujeres[299], quienes sufren en mayor medida los impactos negativos del hecho, especialmente en relación con la posibilidad de embarazos no deseados. Asimismo, establece el consentimiento como un elemento normativo del tipo penal, justificando así la protección de la libertad sexual de la persona afectada y promoviendo un enfoque que aborde las distintas agresiones sexuales desde esta perspectiva.

Ahora bien, la pena asignada a este injusto debe considerar las particularidades y el especial desvalor de la misma. En consecuencia, podría ser similar a la contemplada para los actos sexuales realizados sin consentimiento – y que no implican penetración – en países como España[300], lo que incluye la posibilidad de sancionarla únicamente con pena de multa[301] o, en su defecto, con una pena de

---

[298] Aunque resulta necesario realizar un análisis profundo de aquellos casos en los que, tras el retiro del preservativo no se produce una penetración sino solo un contacto entre órganos íntimos, y determinar si esta situación debería ser objeto de reproche penal en términos de lesividad. En caso afirmativo, es importante evaluar si este supuesto conlleva el mismo desvalor asignado al «Stealthing» con penetración o si debería considerarse como una situación de atenuación punitiva.

[299] Ya que como quedó establecido anteriormente, el "Stealthing" es una conducta que puede ser motivada por razones de género, que las mujeres quienes mayormente sufren afectaciones contra su libertad sexual y que el condón masculino es mayormente utilizado que el condón femenino.

[300] Es decir, la del artículo 178.1 y permitiendo solamente aplicar una pena de multa en ciertas oportunidades de conformidad con el 178.4.

[301] Esto también es lo que aparentemente consideran los magistrados que presentarán voto particular a la reciente sentencia del Tribunal Supremo español, la cual aún no ha salido, pero que ya se conoce ratificará que el "Stealthing" constituye una agresión sexual según lo que establece

prisión de uno a cuatro años[302].

Considero que una pena mayor a cuatro años de prisión, siempre que la conduta no genere resultados lesivos adicionales, debería considerarse excesiva para el caso del "Stealthing", especialmente si se considera que, en todo caso, con la sanción penal que se genere la persona tendrá antecedentes penales y además en países como España ingresarán al Registro Central de Delincuentes Sexuales, lo que les impedirá acceder a trabajos en los que tengan contacto con menores[303]. Esto sin tener en cuenta las demás consecuencias derivadas como consecuencia de la imposición de una condena de índole penal.

Concretamente frente al caso español CASTELLVÍ MOSERRAT sugiere permitir que el atenuante regulado en el artículo 178.4 del Código Penal se aplique a ciertos casos del artículo 179.1. Sin embargo, esto implicaría dejar a discreción del juez decidir cuándo el "Stealthing" merece solamente una pena de multa y cuándo una de prisión de al menos cuatro años o más, lo que podría resultar en tratamientos muy desiguales para casos idénticos[304]. Por esta razón, lo mejor es que la pena de prisión nunca parta de los cuatro años sino que este sea su máximo.

Finalmente, no puede olvidarse que, en todos los casos, la pena que se contemple deberá ser más alta siempre que como resultado del delito se genere un embarazo no deseado o el contagio de una infección o enfermedad de transmisión sexual. Si esto no fuera posible, el delito deberá concursar con el de lesiones, el cual es el destinado por la mayoría de jurisdicciones para proteger la integridad personal que comprende la integridad física psíquica y moral, así como las afecciones a la salud[305].

EL PAÍS. "El supremo establece que quitarse el preservativo a escondidas o engañar a la pareja simulando que lo usa es delito". Publicado el 29 de mayo de 2024. [Consulta: 29 de mayo de 2024] https://elpais.com/sociedad/2024-05-29/el-supremo-establece-que-quitarse-el-preserva-tivo-a-escondidas-o-enganar-a-la-pareja-simulando-que-se-usa-es-delito.html

[302] Pena que también es similar a la asignada al antiguo delito de estupro.

[303] FAMPI. "45.000 personas no pueden trabajar con niños por sus delitos sexuales". 03 de octubre de 2018. [Consulta: 02 de junio de 2024]. https://bienestaryproteccioninfantil.es/45-000-per-sonas-no-pueden-trabajar-con-ninos-por-sus-delitos-sexuales/#:~:text=El%20Registro%20Cen-tral%20de%20Delincuentes,tengan%20contacto%20directo%20con%20menores.

[304] Es decir, si subsumimos el "Stealthing" en el 179.1 pero con la posibilidad de aplicar en ciertas oportunidades una sanción solamente de multa de conformidad con el 178.4, el juez podría san-cionar ciertos casos solamente con dicha multa, pero otros podrían implicar una pena que par-tiría de los cuatro años de prisión y yendo hasta los doce años, viéndose un trato excesivamente diferenciado para las mismas situaciones. En consecuencia, considero que el tipo de sanción que se le asigne a la conducta ya sea de multa o pena de prisión, debería ser determinada y no quedar a la mera discrecionalidad de los jueces.

[305] Como se estableció en el apartado denominado "El "Stealthing" como un atentado en contra de la integridad personal".

CONCLUSIONES

1. El «Stealthing» es un fenómeno que consiste en retirar el condón sin el consentimiento de la otra persona involucrada en la relación sexual. Esta conducta ha cobrado mayor relevancia debido a un cambio en la percepción sobre la protección del bien jurídico de la libertad sexual desde el punto de vista del consentimiento como su piedra angular. No obstante, varios ordenamientos jurídicos, como los latinoamericanos, aún no han actualizado este enfoque, lo que dificulta su consideración como un acto penalmente reprochable en ausencia de elementos como la violencia o intimidación. Sin embargo, en aquellos sistemas legales donde valoran el consentimiento como esencial para la libertad sexual, la conducta adquiere una relevancia especial, generando debates sobre cómo dicho elemento se ve afectado por la conducta.

2. Se han postulado dos teorías principales sobre el impacto del «Stealthing» en el consentimiento sexual: una que lo considera un engaño que puede viciar el consentimiento al alterar un elemento crucial del acto sexual, y otra que lo concibe como un acto sexual diferente al inicialmente consentido, basándose en la alteración del contacto corporal. La segunda teoría, enfocada en que el contacto corpóreo constituye un elemento determinante en los actos sexuales, parece ser la mayormente aceptada.

3. Aunque el «Stealthing» supone un acceso carnal, tiene particularidades que lo diferencian de las violaciones tradicionales. Por lo tanto, surge la necesidad de considerarlo como un caso especial dentro del ámbito de las agresiones sexuales, pues su desvalor es menor si se considera que parte de un coito inicialmente autorizado por la víctima.

4. El «Stealthing» es una conducta potencialmente pluriofensiva, ya que, además de constituir un atentado contra la libertad sexual, abre la posibilidad de afectar otros bienes jurídicos como la salud reproductiva y la integridad personal. En relación con la salud reproductiva, esta se ve afectada cuando la conducta resulta en un embarazo no deseado o en el contagio de infecciones o enfermedades de transmisión sexual que afectan la fertilidad de la víctima. En el caso de los embarazos no deseados, la salud reproductiva afectada puede extenderse a los hombres, ya que las mujeres podrían ser sujetos activos de la conducta cuando retiran un condón femenino o quitan el condón puesto por el hombre sin su conocimiento. En estos escenarios, si la mujer queda embarazada, la capacidad de decisión sobre la reproducción del hombre también se ve comprometida.

5. La afección a la integridad personal se ve materializada en los casos de "Stealthing" en los mismos eventos en que se configura el atentado contra la salud reproductiva. La diferencia radica en que, en estos casos, la

infección o enfermedad de transmisión sexual no necesariamente debe afectar la fertilidad, sino que basta con su efectiva transmisión. En cuanto a los embarazos no deseados, aquí se considera únicamente a la mujer, dado que los hombres no pueden gestar, lo que los excluye de sufrir las alteraciones físicas y psicológicas que pueden surgir a raíz de la gestación.

6. Dada la importancia de los bienes jurídicos afectados por el «Stealthing», es fundamental que este comportamiento sea sancionado dentro del ámbito penal. Por tanto, se requiere establecer un tipo penal específico que regule esta conducta, especialmente en los sistemas legales donde no encaja dentro de los delitos existentes por estar estos basados en elementos como la violencia o la intimidación; así como en los países en donde las sanciones que le aplicaría son excesivamente altas por tomarlo como un equivalente a las violaciones comunes. No obstante lo anterior, gran parte de las propuestas de tipificación del «Stealthing» como delito autónomo han enfrentado desafíos debido a la falta de comprensión del fenómeno y el riesgo de imponer sanciones desproporcionadamente severas.

7. Por su parte, la mayor dificultad de España se deriva de la problemática que supone sancionar el "Stealthing" por medio del artículo 179.1 que contempla una pena mínima de cuatro años de prisión. Esto resulta excesivo si se analizan situaciones que son similares a este fenómeno, pero que pueden ser desvalorada menormente. Igualmente, porque no siempre todos los actos sexuales, aunque impliquen penetración, han sido sancionados de la misma manera, siendo un ejemplo de ello el caso del antiguo estupro.

8. Con todo, el tipo penal que se incorpore a las legislaciones penales para sancionar el "Stealthing" debe contemplar dos situaciones principales: i). A quien, durante el acto sexual realice acceso carnal tras retirar de manera consciente un preservativo, sin el consentimiento de la otra persona involucrada en el acto y ii). A la persona que realice acceso carnal con otro a quien le haya retirado un preservativo o condón sin su consentimiento. La pena que se imponga debe ser coherente en relación con el desvalor de la conducta y deberá agravarse cuando como consecuencia de la misma se produzca el embarazo o el contagio de una infección o enfermedad de transmisión sexual.

BIBLIOGRAFÍA

-. ACKERMANN HORMAZÁBAL, Ignacio E. y OVALLE DONOSO, María F. "La disponibilidad en los bienes jurídicos" *Revista de Ciencias Sociales*. No. 72. 2018. Págs. 39-61.

-. AFANADOR C., María I. "El derecho a la integridad personal - Elementos para su análisis". *Revista de Ciencias Sociales*. ISSN: 1405-1435.Vol. 9. No. 30. 2002. Pág. 147-164.

-. ALVAREZ MEDINA, Silvina. "La sexualidad y el concepto de consentimiento sexual". *Doxa. Cuadernos de Filosofía del Derecho*. ISSN: 2386-4702, ISSN: 0214-8676. No. 47. 2023. Págs. 340-380.

-. ARROYO, Roxana y VALLADARES, Lona. *Violencia sexual contra las mujeres*. Edición Gilma Andrade Moncayo, Proyecto regional Corte Penal Internacional y Justicia de Género, La Morada, Corporación Promoción de la Mujer, Serie Documentos Técnico Jurídicos, 2005.

-. BALMACEDA HOYOS. Gustavo. *El delito de estafa informática*. Ediciones Jurídicas de Santiago. Santiago de Chile. 2007.

-. BAQUEDANO MAINAR, Laura, ABAD RUBIO, Cristina, ADIEGO CALVO, Ignacio, COLECHA MORALES Martha, et al. "Protocolo aragonés de enfermedad inflamatoria pélvica". *Prog Obstet Ginecol*. 2020. Págs. 348-354.

-. BAQUEDANO MAINAR, Laura; LAMARCA BALLESTERO, Marta; PUIG FERRER, Fernando y RUIZ CONDE, Miguel A. "Enfermedad inflamatoria pélvica: un reto en el diagnóstico y tratamiento precoz". *Revista chilena de Obstericia y Ginecología*. Vol. 79 No. 2. 2014. Pág. 115-119.

-. BARREIRO, Agustín J. "Los delitos relativos a la manipulación genética en sentido estricto". *Anuario de derecho penal y ciencias penales*. ISSN 0210-3001. Tomo 52. 1999. Págs. 89-136.

-. BOIX REIG, Javier. *El delito de estupro fraudulento*. Madrid: Universidad Complutense, Instituto de Criminología. 1979.

-. BRODSKY, Alexandra. "Rape-adjacent": Imagining legal responses to nonconsensual condom removal". *Columbia Journal of Gender and Law*. Págs. 183-210.

-. CAMPOS ÁLVARES, Patricia. "Análisis del bien jurídico protegido en el delito de abuso sexual". Actividad formativa equivalente a tesis. Universidad de Chile. 2019.

-. CANOSA USERA, Raúl. *El derecho a la integridad personal*. Lex Nova. España. 2006.

-. CARNEVALI RODRÍGUEZ, Raúl. "Derecho penal como «ultima ratio». Hacia una política criminal racional". *Revista de Derecho Penal*. ISSN 1576-9763. No. 25. 2008. Págs. 11-49.

-. CASTELLVÍ MONSERRAT, Carlos, "¿Violaciones por engaño? Sobre el concepto de consentimiento y el objeto del consentimiento sexual". *Revista Indret*. ISSN-e 1698-739X. No. 4. 2023. Págs. 171-220.

-. CASTILLA DE CORTÁZAR, Blanca. "En torno a la fundamentación de la dignidad personal". *Revista de Ciencias Jurídicas y Sociales, Nueva Época.* ISSN 1698-5583. Vol 18. No. 1. 2015. Págs. 61-80.

-. CELIS RABAT. Fernando J;VICUÑA ALESSADRI, Ignacia y MAURIZINAO, Francesca. "los vicios del consentimiento". *Revista de derecho UDD.* Edición No. 40. 2019. Págs. 267 -294.

-. CEREZO MIR, José. *Derecho penal: Parte general.* BdF. Buenos Aires. 2008.

-. CHANG KCOMT, Romy A. "Consentimiento en Derecho Penal: análisis dogmático y consecuencias prácticas". Tesis Doctoral. Universidad de Salamanca. 2017.

-. COBO DEL ROSAL, Manuel y VIVES ANTÓN, Tomás. *Derecho Penal. Parte General.* Tirant lo Blanch. 5ª Edición. 1999.

-. COCA VILA, Ivo. "El stealthing como delito de violación Comentario a las STSJ-Andalucía 186/2021, de 1 de julio y SAP-Sevilla 375/2020, de 29 de octubre". *Revista Indret.* ISSN-e 1698-739X. No. 4. 2022. Pág. 293-332.

-. DE LA TORRE LASO, Jesús. "El consentimiento de las relaciones sexuales. Un análisis de su significado y las variables implicadas". *Revista de Estudios Jurídicos y Criminológicos.* ISSN-e 2660-7964. No. 8. 2023. Págs. 277-292.

-. DIEZ RIPOLLES, José L. "El objeto de protección del nuevo derecho penal sexual". *Revista de derecho penal y criminología.* ISSN 1132-9955. 2ª época. No. 6. 2000. Págs. 69-102.

-. DOMÍNGUEZ CORREA, Marcelo. "El consentimiento del ofendido: entre la justificación y la exclusión de la tipicidad". *Revista de la Facultad de Derecho.* No. 30. 2011. Págs. 109-122.

-. FERNANDEZ ACEBO. María D. "La tutela de los derechos fundamentales a la intimidad e integridad física frente a la actuación de los poderes públicos sobre el cuerpo humano. Una perspectiva constitucional sobre las intervenciones corporales y otras diligencias de investigación". Tesis doctoral. A Coruña. 2013.

-. FERNANDEZ MORÓN, Alba. "Aspectos esenciales del delito de estafa en el Código Penal español". Tesis de Máster. Universidad de Alcalá. 2019.

-. GARCÉS VÁSQUEZ, Pablo A. "Formas de manifestación del consentimiento y su eventual tergiversación: la simulación". *Nuevo Derecho.* ISSN: 2011-4540. Vol. 10. No. 15. Págs. 89-98.

-. GARCÍA HINCAPIÉ, Luz C. y PILLALAZA LINCANGO, Denise C. "La tipificación de la retirada del preservativo ("Stealthing") como actuación formal del Estado en el reconocimiento de la mujer y su derecho a la integridad personal". Derecho y Realidad. Vol. 21 No. 41. 2023. Págs. 121-150.

-. GARCÍA SEGURA, María J. *El consentimiento del titular del bien jurídico en Derecho penal.* Tirant lo Blanch. Valencia. 2000.

-. GIL HERNÁNDEZ, Ángel. In*tervenciones corporales y derechos fundamentales,* Cólex, Madrid, 1995.

-. GÓMEZ BENÍTEZ, José M. "Función y contenido del error en el tipo de estafa". *Anuario de Derecho Penal y Ciencias Penales*. ISSN 0210-3001. Tomo 38. 1985. Págs. 333-346.

-. GOSTÍN BUENAPOSADA, Paula. "La conexión del derecho a la salud y el de la integridad física en relación con los derechos de los trabajadores". Trabajo fin de grado. Universidad del País Vasco. 2022.

-. HIDROVO ARTEAGA, María J.; RAMÍREZ MEDRANDA, Karla A.; MENDOZA SALAZAR, Jesús G. y MERO BARCIA, Valeria M. "Riesgo y consecuencias de las enfermedades de transmisión sexual". *Revista Científica Mundo de la Investigación y el Conocimiento*. ISSN: 2588-073X. 2020. Pág. 517-530.

-. INSTITUTO INTERAMERICANO DE DERECHOS HUMANOS. *Los derechos reproductivos son derechos humanos / Instituto Interamericano de Derechos Humanos*. IIDH. ISBN 978-9968-917-77-3. San José, Costa Rica. 2008.

-. ÍÑIGO CORROZA, Elena. "El consentimiento de la víctima. Hacia una teoría normativa de la acción consiente". *Anuario de derecho penal y ciencias penales*, ISSN 0210-3001. Tomo 7. 2022. Págs. 167-203.

-. KILLICK, Stephen R.; LEARY, Christine; TRUSSELL, James; y GUTHRIE, Katherinne A. "Sperm content of pre-ejaculatory fluid." *Hum Fertil (Camb)*. Vol.14 No.1. 2011. Págs. 48-52.

-. LAMARCA PÉREZ, Carmen. "La protección de la libertad sexual en el nuevo Código Penal". *Jueces para la democracia*, ISSN 1133-0627, No. 27. 1996. Págs. 50-61.

-. LÓPEZ ALFONSO, Carlos. "El consentimiento en los delitos contra la libertad sexual. Especial referencia a la sentencia de "La manada". Tesis de grado. Universidad Pontificia. Madrid. 2019.

-. LÓPEZ TÉLLEZ, Denitza; GUERRERO VERANO, Martha G. y FERNÁNDEZ CUEVAS, María P. "El delito de estupro v/s Derechos Humanos de las niñas y adolescentes". *Revista Inclusiones*. ISSN-e 0719-4706. Vol. 6 No. extra 21. 2019. Págs. 36-46.

-. MACHADO RODRÍGUEZ, Iván C. "El consentimiento en materia penal". *Revista de Derecho Penal y Criminología*. ISSN-e 2346-2108, ISSN 0121-0483. Vol. 33. No. 95. 2012. Págs. 29-49.

-. MAINERO DEL PASO, Guadalupe; TREVIÑO SILLER, Sandra y LOZANO, Francisco J. "Factores que influyen en la aceptación del condón femenino en mujeres de escasos recursos". *Revista de psicología y salud*. Vol. 17. No. 1. 2007. Págs. 78-85.

-. MIR PUIG, Santiago. *Derecho Penal. Parte General*. Vol. 8. Edición Barcelona. Reppertor. 2006.

-. OTIVEROS ALONSO, Miguel. "El libre desarrollo de la personalidad (Un bien jurídico digno de estado constitucional)". *Revista Iberoamericana de Filosofía, Política y Humanidades*. ISSN 1575-6823, ISSN-e 2340-219. Vol. 8. No. 15. 2006. Págs. 147-156.

-. PASCUAL. Gili. "Stealthing. Sobre el objeto del consentimiento en el delito de abuso sexual". *Cuadernos de política criminal*, ISSN 0210-4059. No 135. 2021. Págs. 85-134.

-. PÉREZ HERNÁNDEZ, Yolinliztli. "Consentimiento sexual: un análisis con perspectiva de género". *Revista mexicana de sociología*. ISSN-e 2594-0651, ISSN 0188-2503. Año 78. No. 4. 2016. Págs. 741-767.

-. PERMATO MARTÍN, Teresa. "Violencias sexuales. Una aproximación desde diversas perspectivas". *Revista del Ministerio Fiscal*. No. 11. 2023. Págs. 1-158.

-. PILLALAZA LINCANGO, Denise y GRACIA HINCAPIÉ, Luz. "La tipificación de la retirada del preservativo (stealthing) como actuación formal del Estado en el reconocimiento de la mujer y su derecho a la integridad personal". *Derecho y Realidad*. Vol. 21 No. 43. 2003. Págs. 121-150.

-. RODRÍGUEZ PENDÁS, Bertha V. y SANTANA PÉREZ, Felipe. "Infecciones de transmisión sexual, calidad del semen e infertilidad". *Revista Cubana Endocrinol*. ISSN 1561-2953. Vol. 19. No. 3. 2008.

-. RUIZ SALGUERO, Magda T. *Anticoncepción y salud reproductiva en España: crónica de una revolución*. Madrid: Editorial CSIC Consejo Superior de Investigaciones Científicas. eLibro. 2005. Págs. 69-70.

-. SÁNCHEZ ÁVILA, Luz K. "El caso del "Stealthing" y su afectación a los derechos sexuales en el ámbito social y legal colombiano". *Revista Derecho Penal*. ISSN:1692-1682. No.65. 2018. Págs. 90-120.

-. TAMARIT SUMALLA, José M. "¿Son abuso sexual las interacciones sexuales en línea? Peculiaridades de la victimización sexual de menores a través de las TIC". *Revista de Internet, derecho y política*. ISSN-e 1699-8154. No. 26. 2018. Págs. 30-42.VÁSQUEZ, Fernando; HERNÁNDEZ, Faruk; ESCOBAR, Andrés; VÁSQUEZ, Daniel; et al. "Presencia o ausencia de espermatozoides en el líquido preeyaculatorio". *Revista Internacional de Andrología*. Vol. 14. No. 3, 2016, Págs. 86-88.

-. VELARDE RODRÍGUEZ, Jaime A. "El principio de legalidad en el Derecho Penal". *Revista de la Facultad de Derecho y Ciencia Política de la Universidad Alas Peruanas*. ISSN-e 2313-1861, ISSN 1991-1734. Vol. 12. No. 13. 2014. Págs. 225-242.

-. VERGES PEÑARRUBIA. Lara. "Los delitos contra la libertad e indemnidad sexual individual. Consideraciones doctrinales y jurisprudenciales". Tesis de grado. Universidad de Alcalá. 2019. Págs. 1- 86.

-. VIAL DEL RÍO, Víctor. *Teoría general del acto jurídico*. Editorial Jurídica de Chile. 5ª edición. Santiago de Chile. 2021.

-. VIERA MOLINA, María y GUERRA MARTÍN, María D. "Análisis de la eficacia de las técnicas de reproducción asistida: una revisión sistemática". *An. Sist. Sanit. Navar*. ISSN 1137-6627. Vol. 41. No. 1. 2018. Págs. 107-116.

-. ZAMORA JIMÉNEZ, Arturo." Bien jurídico y consentimiento en derecho penal". *Letras jurídicas: revista electrónica de derecho,* ISSN-e 1870-2155. No. 6. 2008. Págs. 1-18.

NORMATIVIDAD

-. ASAMBLEA LEGISLATIVA. República de Consta Rica. "Dictamen afirmativo de mayoría". Cuarta Legislatura. 12 de octubre de 2021. Pág. 11. [Consulta 5 de mayo de 2024] https://d1qqtien6gys07.cloudfront.net/wp-content/uploads/2021/10/Dictamen_21513DICTAMEN-AFIRMATIVO-MAYORIA.pdf

-. CÁMARA DE DIPUTADOS. Chile. "El informe de la Comisión de Mujeres y Equidad de Género sobre el proyecto de ley que sanciona la remoción no consentida del preservativo durante una relación sexual". Pág. 5. [Consulta: 02 de mayo de 2024]. https://www.camara.cl/legislacion/ProyectosDeLey/tramitacion.aspx?prmID=15149&prmBO-LETIN=14665-34

-. CE. "Convenio del Consejo de Europa sobre prevención y lucha contra la violencia contra las mujeres y la violencia doméstica". Estambul. 11 de mayo de 2011. [Consulta: 01 de mayo de 2024]. https://rm.coe.int/1680462543

-. CIVIL CODE OF THE STATE OF CALIFORNIA. 1872.

-. CONGRESO DE CDMX. "Proyecto de decreto por el que se reforma la denominación del capítulo II del título tercero, y se adiciona el artículo 159 bis, ambos al código penal para la ciudad de méxico, a fin de tipificar el stealthing o violencia de retiro de preservativos". 31 de octubre de 2023. Pág. 18. [Consulta: 05 de mayo de 2024] https://consulta.congresocdmx.gob.mx/consulta/iniciativa/vista/5694

-. CONGRESO DE COLOMBIA. (24 de julio del 2000). "Por la cual se expide el Código Penal". [Ley 599 de 2000] D.O No. 44.097.

-. CONGRESO DE COLOMBIA. Proyecto de ley 020C/2022. "Por medio de la cual se tipifica el retiro sin consentimiento del preservativo o barrera de protección sexual durante las relaciones sexuales, se agrega un parágrafo al delito de acoso sexual y se dictan otras disposiciones". 26 de septiembre de 2022. [Consulta: 08 de enero de 2024]. https://www.camara.gov.co/orden-del-dia-audiencia-publica-pl-0202022-c#:~:text=Au-diencia%20P%C3%BAblica%20sobre%20el%20Proyecto,y%20se%20dictan%20otras%20disposiciones.

-. ESPAÑA. LO 1/2023. "Por la que se modifica la Ley Orgánica 2/2010, de 3 de marzo, de salud sexual y reproductiva y de la interrupción voluntaria del embarazo". Boletín Oficial del Estado, de 01 de marzo de 2023, núm. 51.

-. ESPAÑA. LO 10/1995. "Código Penal". Boletín Oficial del Estado, 24 de noviembre de 1995, núm. 281.

-. FISCALÍA GENERAL DEL ESTADO. Circular 1/2023. "Sobre criterios de actuación del Ministerio Fiscal tras la reforma de los delitos contra la libertad sexual operada por la Ley Orgánica 10/2022, de 6 de septiembre". 29 de marzo de 2023. Referencia: FIS-C-2023-00001.

-. OEA. "Convención Americana de Derechos Humanos". Suscrita en la Conferencia Especializada Interamericana sobre Derechos Humanos. San José, Costa Rica. 7 al 22 de noviembre de 1969. [Consulta: 24 de abril de 2024]. https://www.oas.org/dil/esp/1969_Convenci%C3%B3n_Americana_sobre_Derechos_Humanos.pdf

-. OEA. "Convención Interamericana para Prevenir, Sancionar y Erradicar la Violencia contra la Mujer". Belém do Pará, Brasil. 06 de septiembre de 1994. [Consulta: 06 de mayo de 2024] https://www.oas.org/juridico/spanish/tratados/a-61.html

-. ONU: Asamblea General. "Declaración y Programa de Acción de Viena". 12 Julio 1993. [Consulta: 06 de mayo de 2024]. https://www.refworld.org.es/docid/48d21bd42.html

-. ONU. Asamblea General. "Conferencia Internacional de Derecho Humanos". Therán. Del 22 al 13 de mayo de 1968. [Consulta: 22 de abril de 2024]. https://documents.un.org/doc/undoc/gen/n68/958/84/pdf/n6895884.pdf?token=fC20acOHRsEnSFnYEk&fe=true

-. ONU. Asamblea General. "Convención sobre la Eliminación de todas las Formas de Discriminación contra la Mujer". Nueva York. Estados Unidos. 18 Diciembre 1979. [Consulta: 1 de mayo de 2024]. https://www.refworld.org.es/docid/5d7fbcf1a.html

-. ONU. Asamblea General. "Declaración Universal de Derechos Humanos". París, Francia. 10 de diciembre de 1948. [Consulta: 24 de abril de 2024]. https://www.un.org/es/about-us/universal-declaration-of-human-rights

-. ONU. Asamblea general. "Informe de la Cuarta Conferencia Mundial sobre la Mujer". Beijing. Del 4 al 15 de septiembre de 1995. [Consulta: 06 de mayo de 2024]. https://www.un.org/womenwatch/daw/beijing/pdf/Beijing%20full%20report%20S.pdf

-. ONU. Asamblea General. "Pacto Internacional de los Derechos Civiles y Políticos". Resolución 2200 (xxi). Nueva York, Estado Unidos. 16 de diciembre de 1966. [Consulta: 24 de abril de 2024]. file:///Users/ssd/Downloads/Dialnet-ContenidoDelDerechoALaIntegridadPersonal-3135087.pdf

-. ONU. Comité para la Eliminación de la Violencia contra la Mujer (CEDAW). "Recomendación general núm.. 35 sobre la violencia por razón de género contra la mujer, por la que se actualiza la recomendación general núm.. 19". 26 de junio de 2017. [Consulta: 1 de mayo de 2024]. https://www.acnur.org/fileadmin/Documentos/BDL/2017/11405.pdf

-. ONU. Conferencia Diplomática Conferencia Diplomática de Plenipotenciarios. "Estatuto de Roma de la Corte Penal Internacional. Roma, Italia. 17 de julio de 1988. [Consulta: 06 de mayo de 2024] https://biblioteca.corteidh.or.cr/tablas/31428.pdf

-. ONU. Fondo de Población (UNFPA). "Programa de acción. aprobado en la Conferencia Internacional sobre la Población y el Desarrollo". El Cairo. 5 a 13 de septiembre de 1994. Artículo 7.2. Pág. 65. [Consulta: 19 de abril de 2024]. https://www.un.org/en/development/desa/population/publications/ICPD_programme_of_action_es.pdf

-. UE. Parlamento europeo y Consejo de la Unión Europea. "Carta de los Derechos Fundamentales de la Unión Europea". Diario Oficial de las Comunidades Europeas, 07 de diciembre de 2000. [Consulta: 24 de abril de 2024].
http://www.europarl.europa.eu/charter/pdf/text_es.pdf

-. UE. Parlamento Europeo y Consejo de la Unión Europea. "Informe de la propuesta de Directiva del Parlamento Europeo y del Consejo sobre la Lucha contra la Violencia contra las Mujeres y la Violencia Doméstica". 06 de julio de 2023. Pág. 17. [Consulta: 01 de mayo de 2024]. https://www.europarl.europa.eu/doceo/document/A-9-2023-0234_ES.html#_section1

-. UE. Parlamento europeo y Consejo de la Unión Europea. "Resolución (2001/2128(INI)) sobre salud sexual y reproductiva y los derechos en esta materia". P5_TA(2002)0359. 03 de julio de 2002. [Consulta: 01 de mayo de 2024].
https://www.europarl.europa.eu/doceo/document/TA-5-2002-0359_ES.pdf

-. UE. Parlamento Europeo y Consejo de la Unión Europea. "Resolución legislativa del Parlamento Europeo, de 24 de abril de 2024, sobre la propuesta de Directiva del Parlamento Europeo y del Consejo sobre la lucha contra la violencia contra las mujeres y la violencia doméstica". Procedimiento legislativo ordinario: primera lectura. [Consulta: 01 de mayo de 2023] https://www.europarl.europa.eu/doceo/document/TA-9-2024-0338_ES.pdf.

-. UE. Parlamento Europeo y Consejo de la Unión Europea. Directiva 1385/2024, de 24 de mayo de 2024, sobre la Lucha contra la Violencia contra las Mujeres y la Violencia Doméstica [Consulta: 30 de mayo de 2024].
https://www.boe.es/buscar/doc.php?id=DOUE-L-2024-80770.

JURISPRUDENCIA

-. CORTE CONSTITUCIONAL COLOMBIANA. T-395/2003. M.P. Marco Gerardo Monroy Cabra. 15 de mayo de 2003.

-. CORTE SUPREMA DE JUSTICIA DE COLOMBIA. CSJ 35080 de 2011. Sigifredo Espinosa Pérez. 11 de mayo de 2011.

-. HIGH COURT OF JUSTICE. UK. Assange v Swedish Prosecution Authority. 2011. EWHC 2849.

-. SALA DE AUDIENCIA PROVINCIAL. Cáceres. 934/2020. MP. Valentín Pérez Aparicio. 24 de septiembre de 2020. ECLI:ES:APCC:2020:934.

-. SALA DE AUDIENCIA PROVINCIAL. Cantabria. 44/2019 M.P. Agustín Alonso Roca. 13 de marzo de 2019. ECLI:ES:APS:2019:44.

-. SALA DE AUDIENCIA PROVINCIAL. Madrid. 1/2024. MP. María De Los Ángeles Montalva Sempere. 12 de enero de 2024. ECLI:ES:APM:2024:1.

-. SALA DE AUDIENCIA PROVINCIAL. Madrid. 611/2016. MP. Francisco David Cubero Flores. 10 de noviembre de 2016. ECLI:ES:APM:2016:15363.

-. SALA DE AUDIENCIA PROVINCIAL. Palma de Mallorca. 547/2016. M.P María Del Carmen Ordoñez Delgado. 31 de marzo de 2016. ECLI:ES:APIB:2016:547.

-. SALA DE AUDIENCIA PROVINCIAL. Sevilla. 1459/2020. MP. Carlos Luis Lledo González. 29 de octubre de 2020. ECLI:ES:APSE:2020:1459.

-. SALA DE AUDIENCIA PROVINCIAL. Zaragoza. 325/2016. MP. Francisco Javier Cantero Aristegui. de 19 de octubre de 2016. ECLI:ES:APZ:2016:1738.

-. SALA JUDICIAL DE INSTRUCCIÓN. Salamanca. /2019. Juez: Juan Rollan García. 15 de abril de 2019. ECLI:ES:JI:2019:1.

-. TRIBUNAL CONSTITUCIONAL ESPAÑOL. STC 34/2008. MP. María Emilia Casas Baamonde. 25 de febrero de 2008.

-. TRIBUNAL CONSTITUCIONAL ESPAÑOL. STC 444/2023. M.P. Inmaculada Montalbán Huertas.09 de mayo de 2023.

-. TRIBUNAL CONSTITUCIONAL ESPAÑOL. STC 119/2001. M.P. Manuel Jiménez de Parga y Cabrera. 14 de mayo de 2001.

-. TRIBUNAL CONSTITUCIONAL ESPAÑOL. STC 181/2004. MP. María Emilia Casas Baamonde. 2 de noviembre de 2004.

-. TRIBUNAL CONSTITUCIONAL ESPAÑOL. STC 35/1996, M.P. Rafael de Mendizábal Allende. 11 de marzo de 1996.

-. TRIBUNAL CONSTITUCIONAL ESPAÑOL. STC 5/2002. M.P. Pablo García Manzano. 14 de enero de 2002.

-. TRIBUNAL CONSTITUCIONAL ESPAÑOL. STC. 444/2023. M.P. Inmaculada Montalbán Huertas.09 de mayo de 2023.

-. TRIBUNAL DE JUSTICIA. Andalucía. STSJ 186/2021. Sección cuarta. MP. Rafael García Laraña. 01 de julio de 2021. ECLI:ES:TSJAND:2021:12396.

-. TRIBUNAL SUPREMO ESPAÑOL . STS 571/2020. MP. Julián Artemio Sánchez Melgar. de 3 de noviembre de 2020. ECLI:ES:TS:2020:3975.

-. TRIBUNAL SUPREMO ESPAÑOL. STS 59/2021. MP. Julián Artemio. Sánchez Melgar. de 27 de enero de 2021. ECLI:ES:TS:2021:458

-. TRIBUNAL SUPREMO ESPAÑOL. 1242/2006. M.P. Diego Antonio Ramos Gancedo. 20 de diciembre de 2006. ECLI:ES:TS:2006:8267.

-. TRIBUNAL SUPREMO ESPAÑOL. STS 1218/2011. M.P. Carlos Granados Pérez. 8 de noviembre de 2011. ECLI: ES:TS:2011:7857.

-. TRIBUNAL SUPREMO ESPAÑOL. STS 1229/2011. M.P. Manuel Marchena Gómez. 16 de noviembre de 2011. ECLI:ES:TS:2011:7597

-. TRIBUNAL SUPREMO ESPAÑOL. STS 509/2021. MP. Eduardo de Porres Ortiz de Urbina. de 10 junio, de 2021. ECLI:ES:TS:2021:2547

-. TRIBUNAL SUPREMO ESPAÑOL. STS 94/2002. MP. Enrique Bacigalupo Zapater. 2 de febrero de 2002. ECLI:ES:TS:2002:625.

-. TRIBUNAL SUPREMO ESPAÑOL. STS. 690 de 2019. MP. Pablo Llarena Conde. 11 de maro de 2020. ECLI: ES:TS:2020:806.

OTROS

-. BARRUCHO, Luis. «Se quitó el condón y confesó, pero la justicia no lo castigó»: el caso de una brasileña víctima de «stealthing». BBC News Brasil. [Consulta: 03 de mayo de 2024] https://www.bbc.com/mundo/noticias-61120122.

-. BBC NEWS MUNDO. "Qué es «stealthing», la peligrosa nueva forma de agresión sexual". 13 de mayo de 2017. [Consulta: 03 de junio de 2024]. https://www.bbc.com/mundo/noticias-39889533.

-. BOUTOT, Maegan. "Cómo sucede *realmente* el embarazo". Clue. Artículo publicado originalmente el 29 de junio de 2019. Traducido por Carolina Tafur. [Consulta: el 22 de abril de 2024]. https://helloclue.com/es/articulos/sexo/como-sucede-realmente-el-embarazo.

-. CIDH. "CIDH llama a avanzar en el reconocimiento y protección de los derechos reproductivos en la región". 31 de enero de 2023. [Consulta: 2 de junio de 2024] https://www.oas.org/es/CIDH/jsForm/?File=/es/cidh/prensa/comunicados/2023/011.asp

-. CONGRESO DE CDMX. "Congreso CDMX deroga delito de peligro de contagio del Código Penal". [Consulta: 05 de mayo de 2024]. https://www.congresocdmx.gob.mx/comsoc-congreso-cdmx-deroga-delito-peligro-contagio-codigo-penal-5065-1.html.

-. CONSEJO SUPERIOR DE POLÍTICA CRIMINAL. "proyecto 020c de 2022, 2023". [Consulta: 08 de enero de 2024]. https://www.politicacriminal.gov.co/Portals/0/Conceptos%20CSPC/2023/15.%20CSPC%20PL%20020%20de%202022%20C-Uso%20Preservativo.pdf.

-. CORRIGAN WERLBOURN STOKKE. "New law makes condom stealthing illegal in California". 31 de enero de 2022. [Consulta: 02 de mayo de 2024] https://www.cwsdefense.com/blog/2022/january/new-law-makes-condom-stealthing-illegal-in-calif/.

-. DE LA FUENTE BITANE, Laura; BARRANQUERO GÓMEZ, Marta; SALVADOR, Zaira. "¿Qué es la fecundación humana y cuáles son sus etapas?". Reproducción asistia.org. [Consulta: 20 de abril de 2024]. https://www.reproduccionasistida.org/como-se-produce-la-fecundacion/.

-. DEPARTAMENTO DE SALUD Y SERVICIOS HUMANOS DE LOS ESTADOS UNIDOS. Centros para el Control y la Prevención de Enfermedades. *Los condones y las ETS: Hoja informativa para el personal de salud pública*". [Consulta: 25 de abril de 2024]. https://www.cdc.gov/condomeffectiveness/docs/Condoms_and_STDS_spanish.pdf.

-. DIANE RECINOS, Julie. *Los derechos sexuales y reproductivos.* Comisión Nacional de los Derechos Humanos. México. 2013. [Consulta: 02 de junio de 2024]. https://www.corteidh.or.cr/tablas/33923.pdf.

-. EL PAÍS. "El supremo establece que quitarse el preservativo a escondidas o engañar a la pareja simulando que lo usa es delito". Publicado el 29 de mayo de 2024. [Consulta: 29 de mayo de 2024] https://elpais.com/sociedad/2024-05-29/el-supremo-establece-que-quitarse-el-preservativo-a-escondidas-o-enganar-a-la-pareja-simulando-que-se-usa-es-delito.html.

-. FAMPI. "45.000 personas no pueden trabajar con niños por sus delitos sexuales". 03 de octubre de 2018. [Consulta: 02 de junio de 2024]. https://bienestaryproteccioninfantil.es/45-000-personas-no-pueden-trabajar-con-ninos-por-sus-delitos-sexuales/#:~:text=El%20Registro%20Central%20de%20Delincuentes,tengan%20contacto%20directo%20con%20menores.

-. GOBIERNO DE ESPAÑA. Ministerio de igualdad. "Comité para la Eliminación de la Discriminación contra la Mujer (CEDAW)". [Consulta 29 de mayo de 2024]. https://www.igualdad.gob.es/comunicacion/notasprensa/comite-cedaw-onu-valor-avances-espana-igualdad/.

-. GUILLEN, Beatriz. "Elena Ríos acusa al actor Tenoch Huerta de quitarse el condón sin avisar durante una relación sexual". El país. [Consulta: 03 de mayo de 2024. https://elpais.com/mexico/2023-06-16/elena-rios-acusa-al-actor-tenoch-huerta-de-quitarse-el-condon-sin-avisar-durante-una-relacion-sexual.html.

-. LORENTE ACOSTA, Miguel. "Estudio médico-legal de las sentencias por delitos contra la libertad y la indemnidad sexual". Noviembre de 2021. [Consulta: 01 de junio de 2024] https://www.poderjudicial.es/cgpj/es/Poder-Judicial/En-Portada/Siete-de-cada-diez-casos-de-violencia-sexual-revisados-por-el-Tribunal-Supremo-en-2020-tenian-como-victimas-a-menores-de-edad-.

-. MEDLINEPLUS. "Condones femeninos". Última revisión el 01 de octubre de 2022. [Consultado el 20 de mayo de 2024]. Disponible en: https://medlineplus.gov/spanish/ency/article/004002.htm#:~:text=Estos%20condones%20encajan%20dentro%20de,vagina%20y%20cubre%20la%20vulva.

-. MORALES, Patricia. "Filiación: ¿Tienen los hombres el derecho a decidir si quieren o no ser padres?". La tercera. [Consulta: 23 de abril de 2024]. https://www.latercera.com/paula/filiacion-tienen-los-hombres-el-derecho-a-decidir-si-quieren-o-no-ser-padres/.

-. OMS. "La salud sexual y su relación con la salud reproductiva". ISBN 978-92-4-351288-4. 2018. [Consulta: 19 de abril de 2024]. https://iris.who.int/bitstream/handle/10665/274656/9789243512884-spa.pdf?sequence=1.

-. ONU. "Cumbre de Nairobi (CIPD +25), 12 a 14 de noviembre de 2019, Nairobi, Kenya". [Consulta: 02 de junio de 2024] https://www.un.org/es/conferences/population/nairobi2019

-. ONU. Oficina contra la Droga y el Delito (UNODC). "Manual para la Judicatura sobre Respuestas Eficaces de la Justicia Penal ante la Violencia de Género Contra Mujeres y Niñas". [Consulta: 1 de mayo de 2024]. https://www.unodc.org/documents/justice-and-prison-reform/Manual_para_la_judicatura_sobre_respuestas_eficaces_de_la_justicia_penal_ante_la_VGMN_FINAL.pdf.

-. REAL ACADEMIA ESPAÑOLA. *Diccionario de la lengua española.* 23.ª edición. versión 23.7 en línea. 2023. [Consulta: 09 de enero de 2024]. https://dpej.rae.es/lema/libertad-sexual.

-. RODRÍGUEZ RESCIA, Víctor. Corte IDH. "Derecho a la integridad personal con enfoque de género". [Consulta: el 1 de mayo de 2024]. https://www.corteidh.or.cr/tablas/a22082.pdf.